8°O°

1669

P. GRÉGOIRE DE S.ᵗ JOSEPH
Couvent des Carmes Déchaussés,
58 Boulevard d'Italie

Monte Carlo

Principauté de Monaco.

LA BIENHEUREUSE ANNE DE SAINT-BARTHÉLEMY,
Carmélite Déchaussée

Anne de Saint-Barthélemy

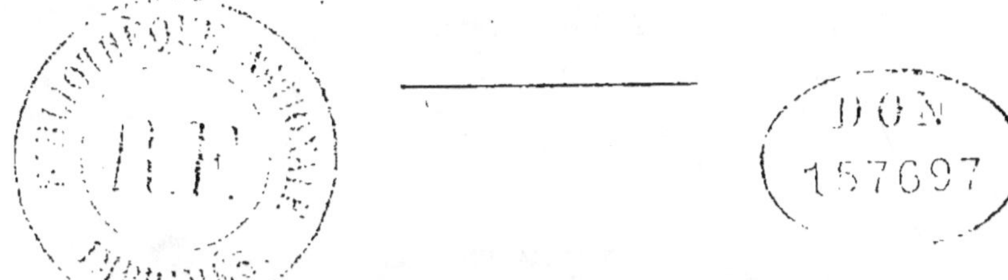

TRIDUUM

EN SON HONNEUR

P. GRÉGOIRE DE SAINT-JOSEPH. C. D.

RENNES

IMPRIMERIE DE H. VATAR

—

1918

———————

Le *triduum* que nous publions a été prêché aux Carmels de La Rochelle, Poitiers, Blois, Avignon, Carpentras, Montpellier, Uzès, Manissy-Tavel-Caïffa, Monte-Carlo, Nice, Rabastens-sur-Tarn, Lourdes, Aire-sur-l'Adour.

PREMIER SERMON

Dieu a choisi ce qui est faible selon le monde, pour confondre ce qui est fort.

(I Cor. 1. 27).

C'était le 6 mai de la présente année ; une cérémonie grandiose se déroulait à Saint-Pierre de Rome. La Basilique était parée comme aux jours des plus belles solennités. Au portique du monument, un tableau de grandeur extraordinaire, représentant une humble religieuse, attirait l'attention de ceux qui pénétraient dans son enceinte. Au fond de l'abside et dans la nef, il y avait d'autres tableaux d'égale proportion, représentant divers épisodes de la vie de cette même religieuse, et partout, des lumières et des fleurs, pour donner un air de fête à ce temple le plus vaste du monde. Le clergé de la Basilique au complet, de nombreux fidèles, des ambassadeurs, des prêtres, des religieux, des religieuses, des Supérieurs et Généraux d'Ordres, des Monseigneurs, des Evêques, des Patriarches, des Princes de l'Eglise, des Cardinaux, se rendaient en foule dans le temple saint.

A l'heure fixée, plusieurs personnages disposés en cortège solennel demandaient au Cardinal-Doyen du

Chapitre de Saint-Pierre l'autorisation de lire publiquement un certain Décret. L'autorisation obtenue, un Monseigneur montait dans une chaire placée au milieu de l'auguste assemblée. Tous les fidèles se tournaient vers lui et écoutaient dans le plus religieux silence le récit motivé de la cérémonie.

On disait qu'une humble fille des champs avait été, dès sa plus tendre enfance, favorisée des dons les plus extraordinaires du ciel ; qu'elle avait été appelée au monastère des Carmélites déchaussées de Saint-Joseph d'Avila ; qu'elle s'était trouvée sous la direction de la séraphique Thérèse de Jésus ; qu'elle l'avait aidée dans ses travaux ; qu'elle avait été sa compagne inséparable durant plusieurs années ; qu'elle lui avait servi de secrétaire ; qu'elle l'avait assistée à sa dernière heure ; qu'elle avait même reçu son dernier soupir.

On disait encore qu'après avoir accompli beaucoup de merveilles dans l'Espagne, sa patrie, elle était venue en France pour y implanter la Réforme du Carmel ; qu'elle y était apparue comme un prodige de sainteté à Paris, à Pontoise et à Tours ; que, s'étant ensuite rendue dans les Pays-Bas, elle avait fondé à Anvers un monastère d'où elle avait rayonné comme un astre bienfaisant par ses lumières, par ses vertus et par son crédit auprès de Dieu ; qu'enfin elle avait pris son essor vers le séjour de la gloire éternelle en donnant des preuves non équivoques de la plus haute sainteté.

On disait ensuite que l'Eglise, ayant reçu une foule de rapports concernant cette religieuse, avait examiné avec le plus grand soin une vie si féconde et n'avait pas hésité à proclamer que cette humble fille des champs, devenue fille du cloître et fondatrice, avait pratiqué à un degré héroïque les vertus théologales et les vertus cardinales.

On disait enfin que le Souverain Pontife, parlant au nom de Notre-Seigneur lui-même et s'adressant à tout l'univers catholique comme Docteur de la foi et de la morale, avait déjà déclaré qu'on pouvait procéder sûrement à la Béatification de cette religieuse, que le peuple chrétien pouvait la vénérer et l'invoquer, qu'elle avait mérité d'être appelée Bienheureuse et qu'en réalité il déposait solennellement sur sa tête l'auréole réservée aux Bienheureuses.

A peine la lecture de ce Document était-elle terminée, que le voile qui recouvrait le tableau placé au fond de l'abside était descendu et permettait de contempler l'humble Carmélite représentée dans la gloire, entourée de milliers et de milliers de lumières. Aussitôt un Evêque revêtu de la chape pontificale et escorté de tout le clergé s'avançait au milieu du sanctuaire, entonnait le *Te Deum* d'actions de grâces, et tous les fidèles présents lançaient à leur tour aux échos de l'immense Basilique les notes les plus harmonieuses de l'hymne triomphale. Pour la première fois, on invoquait publiquement, solennellement et authentiquement la Sœur Anne de Saint-Barthélemy, religieuse Carmélite, à qui l'Eglise venait de décerner l'auréole des Bienheureuses.

A notre tour, nous venons faire écho aux accents inspirés qui nous viennent de la Basilique vaticane. En vertu des facultés accordées par Pie X, le 16 décembre 1912, et renouvelées par S. S. Benoît XV, le 10 avril 1917, nous venons célébrer un *Triduum* d'actions de grâces pour honorer la Bienheureuse

Anne de Saint-Barthélemy, nous entretenir de ses vertus, nous stimuler à ses exemples, la prier et l'invoquer au milieu des circonstances si douloureuses de l'heure présente.

Mon plan est bien simple ; je voudrais vous montrer aujourd'hui la *petite Bergère,* depuis son enfance jusqu'à son entrée en religion. Demain, nous verrons la *Religieuse Carmélite* durant son noviciat et après sa profession à l'école de Sainte Thérèse, et après-demain, la *Fondatrice.* J'espère avec la grâce de Dieu et la protection de la Très Sainte Vierge Marie vous montrer qu'elle a bien mérité qu'on lui applique cette parole : *Infirma mundi elegit Deus ut confundat fortia :* Dieu a choisi ce qui est faible selon le monde pour confondre ce qui est fort.

I

Dieu est admirable dans ses Saints : *mirabilis Deus in Sanctis suis.* Il conduit chaque âme comme il lui plaît. Il accorde ses dons à qui il veut, comme il veut et de la manière qu'il veut. Tout en se montrant bon pour tous, il entend rester libre dans la façon dont il distribue ses faveurs. Il les adapte à toutes les circonstances possibles et imaginables de temps, de lieux et de personnes. Sa grâce, comme nous l'affirme le Prince des Apôtres, est multiforme : *multiformis gratiæ Dei* (I Pet. 4, 10).

D'ailleurs, Notre-Seigneur lui-même nous dit : *In domo Patris mei mansiones multæ sunt* (Joan. 14, 2) : il y a beaucoup de degrés dans le ciel ; il y a des

Anges, et au-dessus, il y a des Archanges, des Chérubins, des Séraphins. Les élus sont eux aussi plus ou moins rapprochés du trône de Dieu, plus ou moins élevés dans la gloire, dans la maison du Père Céleste. Mais le degré de gloire correspond rigoureusement au degré de mérites acquis sur la terre, et ces mérites sont différents. Tous les saints sont les amis de Dieu ; tous ont pratiqué les vertus à un degré éminent, héroïque, et cependant il y a de grandes différences entre eux. Tous ne sont pas apôtres, prophètes..., thaumaturges... (I Cor. 12, 29). Les astres du firmament n'ont pas tous le même éclat. Il y a une variété infinie dans la nature, dans les arbres, dans les plantes, dans les fleurs, dans les insectes, dans les animaux. Nous connaissons beaucoup de personnes, et cependant nous n'avons jamais pu en trouver deux qui fussent absolument semblables. Eh bien, dans le domaine de la sainteté, il n'en va pas autrement. Notre Bienheureuse Anne de Saint-Barthélemy doit donc se présenter à nous sous un aspect particulier.

Nous savons que Dieu veille avec un soin jaloux sur tous les Saints, qui sont ses amis les plus fidèles et les plus dévoués ; s'il est vrai qu'il a compté tous nos cheveux et que pas un seul ne tombe sans sa permission, il est vrai aussi qu'il veille sur les saints comme sur la prunelle de ses yeux, ainsi qu'il le dit lui-même : *circumduxit eum et docuit, custodivit quasi pupillam oculi sui* (Deut. 32, 10).

Son action providentielle vis-à-vis de notre Bienheureuse est extraordinaire et pour ainsi dire quotidienne. Notre Bienheureuse, en effet, a vécu durant son long pèlerinage sur la terre dans le surnaturel divin d'une façon constante. On peut et on doit dire que c'est grâce à cette faveur insigne qu'elle n'a jamais commis une faute mortelle et vraisemblablement bien peu de fautes vénielles ; qu'elle a pratiqué toutes les vertus à un degré héroïque ; qu'elle a été douée de cette prudence et de cette sagesse dont seuls les grands saints sont capables. C'est une âme d'une pureté angélique. Elle vit de l'esprit de foi, qu'elle a possédé au plus haut degré dès sa plus tendre enfance.

Comme elle nous le raconte elle-même dans son autobiographie, elle a eu le bonheur de naître de parents profondément chrétiens. Elle sait apprécier ce bonheur ; et qui de nous ne l'apprécierait, quand nous voyons quelle grâce c'est pour l'enfant d'être élevé dans les principes et les pratiques de la foi, et quel malheur au contraire l'éducation sans Dieu apporte à l'individu et à la société !

« Mon père, nous dit-elle avec une légitime complaisance, célébrait avec beaucoup de dévotion toutes les fêtes de Notre-Seigneur, et ma mère, celles de la Très Sainte Vierge Marie. Tous les dimanches, ils distribuaient un pain et une mesure de vin aux pauvres les plus malheureux. Ils faisaient visiter les malades, payaient leurs remèdes et les autres choses dont ces infortunés pouvaient avoir besoin ; ils s'occupaient très charitablement des orphelins. Quelles que fussent leurs occupations, ils entendaient chaque jour la sainte Messe avec tous leurs enfants. Ils avaient d'ailleurs à la maison un prêtre pour veiller à leur éducation et dire la Messe.

Voilà en peu de mots un tableau de la vie patriarcale des parents de notre Bienheureuse. Il constitue le plus bel éloge qui puisse être fait d'une famille chrétienne. On conçoit facilement quelle impression profonde l'exemple et les conseils de tels parents devaient produire sur leurs enfants et sur notre Bienheureuse en particulier. C'étaient toutes les vertus chrétiennes qui étaient pratiquées malgré les difficultés, le travail, les fatigues et les occupations ; c'était une vie de foi accompagnée des pratiques de foi : la messe, le culte dû à Notre-Seigneur, à la Très Sainte Vierge Marie, la charité pour les pauvres, les malades et les orphelins, la sanctification des fêtes et le bon exemple donné constamment aux enfants et au prochain. On peut bien dire que ce foyer était comme une véritable communauté religieuse. Aussi fut-il béni par Dieu qui y plaça le berceau de notre héroïne.

Le jour même où notre Bienheureuse vint au monde, elle fut régénérée dans l'eau sainte du Baptême, et élevée à la sublime dignité d'enfant de Dieu. Au moment où l'eau sainte coulait sur son front, une lumière extraordinaire brilla au-dessus des fonts baptismaux. Emerveillés d'un tel prodige, les assistants se demandaient ce que pouvait bien signifier cette lumière. La réponse authentique à cette demande vient de nous être donnée. D'après le décret du 10 avril dernier qui proclame à la face de l'univers que l'on peut désormais donner le titre de Bienheureuse à la Sœur Anne de Saint-Barthélemy et faire son office liturgique, cette lumière indiquait déjà que cette enfant était destinée à être comme un flambeau au milieu du monde, *datam fuisse in lucem gentium*. Elle fut en effet un véritable flambeau par les exemples des plus belles et des plus solides vertus qu'elle ne cessa de donner, par les conseils pleins de sagesse qu'elle prodigua autour d'elle, par le bien qu'elle opéra dans les âmes en portant la lumière de Dieu dans les esprits et dans les cœurs, soit lorsqu'elle était au milieu du monde, soit lorsqu'elle fut dans le cloître, en Espagne, en France et en Flandre.

Si le fait par lequel Dieu signale déjà cette âme au monde n'est pas unique chez les saints, il est du moins très rare. Il nous prouve que, si Dieu se plaît à la désigner à notre admiration dès son entrée dans la vie chrétienne, c'est qu'il a pour elle un amour de prédilection qui devra grandir.

Voici, en effet, une grâce extraordinaire que notre Bienheureuse a consignée dans son autobiographie. Elle n'est pas encore âgée de deux ans, que sa mère, la confiant un jour à ses deux sœurs plus âgées, leur recommande de prendre garde à ce qu'elle ne tombe pas et ne vienne pas à se tuer. Aussitôt l'une des sœurs s'écrie : Mais ce serait peut-être une grâce pour elle qu'elle vînt à se tuer. Car maintenant elle est innocente, et s'en irait tout droit au ciel, tandis que si elle arrive à l'usage de raison, elle pourra peut-être offenser Dieu et le perdre ; ce qui serait le plus grand des malheurs. — Mais, répliqua l'autre sœur ; ce serait peut-être un malheur qu'elle vînt à mourir maintenant, car il n'est pas dit qu'une fois arrivée à l'âge de raison elle offense Dieu. Au contraire, elle peut devenir une grande sainte. — Or, dit notre Bienheureuse, bien que je n'eusse pas encore deux ans, je compris cette conversation, et j'eus une idée de la malice du péché qui est le plus grand de tous les maux. Aussitôt après, je vis le Ciel s'entr'ouvrir; le Seigneur se manifestait à moi dans

une majesté incomparable et me pénétrait de crainte
et de respect. Je n'étais encore qu'une toute petite
enfant, mais j'eus toute l'intelligence nécessaire pour
reconnaître que c'était Dieu qui m'apparaissait et
que c'était lui qui devait me juger.

Cette vision produisit en elle tant d'impression
qu'elle n'en perdit jamais le souvenir. A partir de
ce moment, par un privilège presque unique dans les
annales des Saints, elle continua à jouir de l'usage
de raison. C'est là une grâce insigne qui lui ins-
pira l'horreur et la fuite du péché, parce que le péché
offense Dieu. Aussi elle ne négligeait rien pour l'éviter à tout prix, tant elle craignait d'offenser la Majesté Souveraine qui avait daigné lui apparaître et
lui témoigner une miséricorde si grande. Sa préoccupation de tous les instants était de conserver toujours
la blancheur et l'éclat d'une vie sainte et immaculée.
On peut à bon droit affirmer que dans tout le cours
de sa longue vie, elle a eu le privilège de ne jamais
ternir la beauté de son innocence baptismale qu'elle
a portée au tribunal de Dieu rehaussée par l'éclat
de toutes les vertus héroïques dont elle n'a cessé de
donner l'exemple.

A cette crainte de l'offense de Dieu s'ajoutait la
plus tendre dévotion aux Saints Anges, à Saint
Joseph, à Saint Jean-Baptiste, aux dix mille Vierges,
et surtout à la Très Sainte Vierge Marie. C'est à elle
qu'elle se confiait en tout et pour tout. Ses prières,
ses supplications à la Très Sainte Vierge Marie
n'avaient d'autre but que d'éviter le péché, de garder
la chasteté et de conserver son âme pure, afin de ne
jamais déplaire à son Dieu. Vers l'âge de sept ans,
elle fit le vœu de virginité qu'elle remit entre ses

mains, afin de mériter de chanter à la suite de l'Agneau Divin le cantique nouveau que seules les Vierges savent chanter.

Cette âme innocente ne s'orientait donc que vers le ciel. Elle vivait sans cesse dans une atmosphère surnaturelle. Mais il faut avouer que du côté de ses parents elle ne recevait que bons exemples, bons conseils et encouragements pour le service de Dieu. Cette plante mystique se trouvait dans les circonstances les plus favorables pour grandir et se développer sous la rosée de la grâce et les rayons bienfaisants du soleil divin. Mais elle était encore plus favorisée du côté du ciel : Notre-Seigneur lui apparaissait tous les jours ; à tout instant elle pouvait s'entretenir avec lui.

Lorsque Notre-Seigneur tardait à venir, elle ouvrait la fenêtre de la maison, nous dit-elle, et *regardait si elle n'apercevait pas celui qu'elle aimait uniquement et au-dessus de tout.* Elle causait et s'entretenait familièrement avec lui ; car il lui apparaissait à tout instant. Elle ne faisait rien sans le lui confier et lui demander la permission, pour être bien assurée de ne jamais lui déplaire. Quand elle voyait ses compagnes prendre leurs ébats, elle lui demandait parfois la permission d'aller les rejoindre et Notre-Seigneur le lui permettait ; mais elle s'empressait de revenir près de Celui qu'elle aimait uniquement. Si parfois elle manquait à quelqu'une de ses dévotions envers les Saints, elle redoutait leur mécontentement et les suppliait de suite de lui pardonner.

Ces quelques faits nous montrent comment Dieu préserva cette âme d'élite de toute souillure et de tout péché, comment il dirigea toutes ses pensées et toutes ses aspirations vers les choses éternelles. Qui, en effet, a enseigné à cette petite enfant qu'il faut servir et glorifier Dieu au-dessus de tout ? Qui lui a appris à connaître que c'est Notre-Seigneur qui lui apparaît ? Qui lui a montré la malice du péché ? Qui lui a fait comprendre que le péché offense Dieu, que Dieu doit la juger ? Qui lui a fait regretter les petites imperfections dans lesquelles elle tombe ? Pourquoi n'a-t-elle d'autre désir que de plaire à Dieu ?

A toutes ces questions, il n'y a qu'une réponse, c'est que sa foi est une foi vive et éclairée. Elle doit être un flambeau qui illuminera le monde : *datam fuisse in lucem gentium ;* ce flambeau est déjà allumé. Dieu devance en sa faveur et en prévision de la destinée qu'il lui fait, le cours ordinaire des choses. Il lui accorde la grâce exceptionnelle dont nous venons de parler, c'est-à-dire d'avoir l'usage de raison avant même qu'elle n'ait atteint ses deux ans. Il lui révèle les vérités de la foi qui lui seront confirmées par l'enseignement oral d'un père et d'une mère, et surtout par l'enseignement officiel de l'Eglise. Il l'éclaire sur la fin dernière, sur l'obligation de fuir le péché, d'expier ses fautes et de servir Dieu par-dessus tout. Elle ne connaît point le monde, ni les plaisirs ou dissipations du monde ; elle ne va point dans le monde. Elle ne songe qu'à ses dévotions. Son unique ambition est de voir et de servir Celui qu'*elle aime uniquement et au-dessus de tout.*

Voilà quelle a été la vie de notre Bienheureuse jusqu'à l'âge de dix ans ; une vie de foi, une vie vraiment surnaturelle, plus angélique qu'humaine et toute divine. A cette époque, elle a le chagrin de perdre son père et sa mère, et elle reste orpheline avec trois sœurs et trois frères.

II

C'est toujours une grande épreuve pour des enfants bien nés que de voir mourir un père et une mère. Cette épreuve, qui n'est pas rare, hélas ! surtout de nos jours, changea complètement la situation de notre Bienheureuse. Jusqu'alors elle avait goûté une vie douce et tranquille sous le regard, la direction et l'autorité d'un père et d'une mère dont l'esprit de foi lui aplanissait toutes les difficultés qui ne manquent jamais dans les familles même les plus chrétiennes. Mais à dater de ce moment, elle tombe en vertu de la loi sous la tutelle de ses frères et sœurs plus âgés, et il faut qu'elle apporte sa quote-part à l'exploitation de la propriété.

Que s'était-il donc passé dans la situation financière de cette famille patriarcale qui, comme nous avons vu, faisait de grandes aumônes ? nous l'ignorons. Ce qui est certain, c'est que même après la mort du père et de la mère, elle était à la tête d'une colonie agricole assez importante qui indique une certaine aisance, si nous en jugeons par le nombre des serviteurs, dont nous parle notre Bienheureuse elle-même. Malgré cela, notre Bienheureuse, qui jusqu'alors ne connaissait que les douceurs de la vie sédentaire en compagnie de sa pieuse mère, se voit tout à coup obligée d'aller chaque jour conduire les troupeaux à la campagne.

La voilà donc devenue *petite bergère*. La pauvre enfant sent que l'épreuve est un peu dure pour elle ; seule au milieu des champs, ne sera-t-elle pas exposée à une foule de dangers pour le corps et pour l'âme ? Elle éprouve au début une vive répugnance à obéir. Mais elle se soumet. Grâce à son esprit de foi, elle surmontera toutes les difficultés. Dieu, d'ailleurs ne l'abandonnera pas. Il veut seulement tremper dans l'épreuve cette âme qu'il appelle aux plus hautes destinées.

Jusqu'alors la campagne n'avait été pour elle qu'une manifestation quelconque de la puissance de Dieu. C'est ainsi que beaucoup de chrétiens la considèrent, sans élever plus haut leurs pensées. Mais à partir de cette époque, la campagne devient pour cette enfant de dix ans un lieu de délices, un grand livre où tout lui parle de Dieu. En elle se vérifie au pied de la lettre cette parole de l'Apôtre Saint Paul : *Invisibilia Dei per ea quæ facta sunt intellecta conspiciuntur* : Les choses invisibles de Dieu nous sont connues par les créatures. Elle admire les plantes, les fleurs, les beaux arbres, les petits cours d'eau, les fontaines, la pluie, la neige, les moissons, le brin d'herbe, le grain de sable, les montagnes. Tout lui parle de Dieu ; la créature lui parle sans cesse du Créateur ; la beauté de la créature lui redit quelque chose de la beauté du Créateur ; les perfections de la créature lui rappellent quelque chose de la puissance, de la sagesse, des perfections du Créateur ; les cieux lui racontent la gloire de Dieu. Le chant des oiseaux la ravit durant des heures entières et la fait entrer en extase. La voilà devenue tout à coup extatique, contemplative.

Sainte Thérèse ne devint contemplative que vers l'âge de vingt-cinq ans. Saint Jean de la Croix le devint peut-être un peu plus tôt. Mais dans l'histoire de l'Eglise, nous ne voyons pas de Saints qui aient été contemplatifs à l'âge de dix ans. C'est là une faveur unique.

D'ailleurs nous ne voyons pas, non plus, qu'il y ait eu des Saints doués de l'usage de raison avant l'âge de deux ans. On cite Isaïe, Saint Jean-Baptiste, peut-être quelques autres, mais le fait est extrêmement rare. Notre Bienheureuse a donc commencé beaucoup plus tôt que Sainte Thérèse et que Saint Jean de la Croix à mener une vie d'extases et de visions. Sainte Thérèse ne semble pas avoir eu de visions avant quarante ans ; Saint Jean de la Croix peut-être, à vingt-cinq ans. Et encore ce n'était qu'à de rares intervalles.

Notre Bienheureuse, au contraire, a commencé à avoir des visions à deux ans. Ces visions devinrent quotidiennes, même avant qu'elle n'eût atteint l'âge de dix ans. L'Enfant Jésus la visitait d'une façon habituelle et se trouvait constamment près d'elle pour lui tenir compagnie. La *petite bergère*, toute transportée hors d'elle-même en contemplant le Divin Enfant, n'a plus d'autre ambition que de rester avec lui. Aussi elle lui dit un jour : *Mon Seigneur, puisque vous avez la bonté de m'honorer de votre présence, cachons-nous dans quelque montagne, loin du regard des hommes ; je ne manquerai de rien si je suis avec vous.*

Le désir d'aller dans la solitude pour jouir davantage de la compagnie de Notre-Seigneur lui fit même concevoir le projet de s'enfuir au désert avec une cousine qui avait les mêmes goûts, et qui entrera un jour au Carmel à sa suite. Dieu cependant ne permit pas que les deux enfants pussent réaliser ce projet. Il avait d'autres vues sur elles.

Mais durant ses extases, me demanderez-vous, que devenait son troupeau ? Evidemment la *petite Bergère* toute transportée qu'elle était en Dieu n'y songeait plus. Néanmoins, comme elle était toute occupée de la louange de Dieu, Dieu veillait sur la Bergère et son troupeau. Car il prend soin non seulement de l'âme qui le sert fidèlement, mais aussi de tous les intérêts même matériels qui lui sont confiés. Notre-Seigneur lui-même nous a dit : *Quærite primum regnum Dei et justitiam ejus, et hæc omnia adjicientur vobis ?* Recherchez tout d'abord le royaume de Dieu et sa justice, et tout le reste vous sera donné par surcroît.

Néanmoins Notre-Seigneur ne l'exemptait pas de certaines épreuves qui étaient une conséquence au moins indirecte de ses longues extases. Il arrivait souvent en effet à la petite bergère de ne rentrer au logis que fort tard, à une heure déjà avancée. Ses frères et sœurs en étaient inquiets et préoccupés. On se demandait s'il n'était pas arrivé quelque malheur ou quelque accident à elle ou à son troupeau. Comme elle ne se corrigeait pas, on ne manquait pas de lui adresser des reproches, des réprimandes, des paroles amères ; on l'accusait d'être négligente, désobéissante. On voyait bien qu'elle était bonne, douce, patiente, charitable, humble, pieuse ; on voyait bien que sa physionomie avait quelque chose de pur, d'angélique, qui commandait le respect et la vénération. Toutefois comme les réprimandes et les reproches n'avaient pas grand succès pour la faire revenir des champs à l'heure fixée, on en vint à soupçonner sa vertu. On se demandait avec anxiété si elle n'avait pas fait quelque connaissance dangereuse. Et cet ange de pureté supporta sans se plaindre et sans s'excuser le soupçon le plus injurieux qui pût être fait à sa vertu. Elle ne voulut jamais révéler les faveurs dont elle était l'objet de la part de l'Enfant Jésus. Peut-être d'ailleurs n'eût-on ajouté aucune foi à ses paroles, et l'eût-on considérée elle-même comme une hallucinée ou une exaltée. Elle n'aurait pas voulu par ailleurs exposer à la critique les dons merveilleux dont elle était l'objet. Elle se taisait ; elle excusait ses frères ; elle s'humiliait ; mais quand elle revoyait Notre-Seigneur, elle était tout heureuse d'avoir été jugée digne de souffrir quelque chose par amour pour lui.

La *petite bergère* entrait donc dans la voie des difficultés. D'ailleurs la contemplation ne va pas sans l'épreuve. Il est dit de Tobie dans nos Saints Livres : *quia acceptus eras Deo, necesse fuit ut tentatio probaret te :* parce que vous étiez juste, il fallait que la tentation vînt vous éprouver. Ce qui a été vrai pour Tobie l'a été pour tous les Saints. Il ne devait pas en être autrement pour notre *bergère*. Elle devra passer par l'épreuve ; car c'est la loi. Mais quelle sera l'épreuve, ou quelles seront les épreuves pour elle ?

Dès l'âge de sept ans, son esprit de foi l'élevant au-dessus de tous les plaisirs d'ici-bas, elle s'était consacrée à Dieu par le vœu de virginité. Or le démon qui pressentait tout ce qu'une âme aussi favorisée de Dieu pouvait réaliser de grand dans l'avenir, ne négligeait aucun artifice pour la faire tomber dans ses pièges. Le plus rude assaut qu'il lui livra fut précisément sur ce point. Que fait la *petite bergère ?* Elle recourt à une prière plus fervente, plus humble, plus confiante. Elle se conforme au conseil du Seigneur. Aussi à la prière, elle ajoute la pénitence et la mortification.

Elle couvre son corps innocent d'un rude cilice qui la martyrise sans cesse. Elle ne prend qu'un très court repos, et encore le prend-elle sur la dure. Elle mesure davantage le peu de nourriture qu'elle s'accorde et donne tout le reste aux pauvres, malgré les reproches de ses frères qui se demandent comment elle peut vivre avec si peu d'aliments. Elle porte aussi aux indigents tous ses meilleurs habits, et ne se réserve que ceux qui lui sont strictement indispensables. Elle se retire souvent dans la chapelle de l'Immaculée-Conception et y passe de longues heures à se recommander à la Vierge sans tache. Le démon a beau la tenter de jour et de nuit, et lui apparaître sous les formes les plus hideuses et les plus horribles, elle demeure toujours unie à son Dieu et plus ferme dans son vœu.

Le démon cherche alors à la faire succomber par l'intermédiaire de ses propres parents. Ceux-ci, en effet, voulant en finir avec cette existence étrange qu'ils découvrent en elle, et jugeant nécessaire de la prémunir contre les dangers auxquels ils la croient exposée, décident qu'il faut la marier. Le jour et l'heure de l'entrevue sont fixés. L'humble vierge qui n'a jamais connu que l'obéissance et la plus complète soumission, s'alarme ; elle comprend que cette fois le danger est grand. Elle doit obéir et elle doit garder son vœu. Comment fera-t-elle ? Déjà on a introduit dans la maison celui que l'on croit devoir lui convenir sous le rapport de la fortune et de la piété. Elle consulte Notre-Seigneur ; puis, usant d'un stratagème, elle se présente d'une façon si ridicule qu'on la traite d'insensée et qu'on la chasse honteusement de la salle du rendez-vous. Elle avait échappé au danger.

L'ennemi ne désarmait pas pour cela. Ses frères préparent une réjouissance de famille, et on la circonvient si bien qu'elle a fini par accepter de danser. Elle n'avait pas consulté Notre-Seigneur. Mais aussitôt élevant ses regards vers le ciel, elle voit le Sauveur blême, tout ruisselant de sueur et répandant une grande abondance de sang par les plaies de ses pieds et de ses mains. Il lui fait comprendre qu'après avoir tant souffert pour elle, il n'approuve pas qu'elle prenne part à ces divertissements. Immédiatement elle se dérobe de la fête, et la voilà de nouveau hors du danger.

Malgré tout, ses frères revenaient à la charge sous une forme ou sous une autre. La pauvre enfant qui terminait à peine ses quinze ans, ne savait comment échapper à cette persécution domestique, si ce n'est en recherchant de plus en plus la solitude et en priant toujours davantage. Or un jour Notre-Seigneur lui dit : *Ne crains rien ; aie confiance ; tu seras religieuse.* La Très Sainte Vierge Marie lui apparaît à son tour et lui dit : *Ne t'afflige pas et ne crains rien ; je te conduirai à un endroit où tu seras religieuse et où tu porteras mon habit.* Elle lui fait

voir alors le couvent des Carmélites de Saint-Joseph
d'Avila qui s'était fondé quelques années auparavant,
et les Religieuses du monastère revêtues de l'habit de
la Réforme du Carmel.

A partir du jour où elle eut cette vision mémorable, elle ne songea plus qu'à se faire religieuse
dans l'Ordre de la Vierge. Mais ses frères et sœurs
n'étaient pas du même avis. Aussi ils mettent tout
en œuvre pour la détourner de son projet. C'est la
guerre domestique qui va continuer. Que va faire
notre Bienheureuse ? Elle ne se trouble pas. Elle n'a
qu'une pensée, qu'un désir : obéir en attendant que
la Très Sainte Vierge et Notre-Seigneur exécutent
leur promesse.

Aussi que de secours elle reçoit ! On exige d'elle,
il est vrai, des travaux qui sont de beaucoup au-dessus de ses forces et qui ne sont pas de sa condition.
Les serviteurs de la maison avouent qu'ils n'auraient
pu faire à deux ce qu'on l'obligeait à faire seule. On
la surchargeait même à dessein. Elle accomplissait
toujours simplement ce qui lui était commandé.
Quelque pesants que fussent les fardeaux, elle les
soulevait avec la même facilité qu'un brin de paille.
Les serviteurs étaient saisis de stupeur. Ils interrom-
paient leur travail pour la contempler, et se demandaient si vraiment une force aussi extraordinaire ne
venait pas de Dieu ou du démon.

Quand on l'obligeait d'atteler deux ou trois paires
de bœufs, ces pauvres animaux qui se montraient
difficiles d'ordinaire, lui obéissaient de suite, et avec
elle se montraient doux comme des agneaux. Un jour
qu'elle était maltraitée par un chien, ou peut-être
par le démon sous la figure d'un chien, l'un de ces

bœufs qui paissait à quelques pas se précipite sur le chien et le met en fuite. Mais déjà notre Bienheureuse était tout ensanglantée, et les habits neufs qu'elle portait étaient en lambeaux. Le bœuf, revenant vers elle, la caresse à sa manière et, se penchant jusqu'à terre, semble par ses mugissements l'inviter à monter sur son cou, et la rapporte à la maison au grand étonnement de tous ceux qui furent les témoins d'un pareil spectacle.

Un autre jour, son frère aîné qui l'aimait beaucoup se précipite sur elle ; il était sur le point de la tuer, quand son bras fut arrêté miraculeusement ; l'humble enfant était toute tranquille et toute souriante.

Le ciel prenait visiblement parti pour notre Bienheureuse. On avait beau l'éprouver, elle surmontait toutes les difficultés. Durant plus d'un an, elle fit célébrer tous les jours la sainte Messe pour le soulagement des âmes du Purgatoire, afin d'obtenir de ses frères et sœurs leur consentement à son départ pour le cloître. Elle ne cessait de prier la Très Sainte Vierge Marie dans ce but, en la conjurant de se hâter d'accomplir sa promesse.

Et maintenant que pensez-vous que sera cette enfant ? *Quis putas puer iste erit ?* disait-on de Saint Jean-Baptiste, en voyant les prodiges qui accompagnaient sa naissance. C'est bien le cas, ce me semble, de redire cette parole. Que pensez-vous que sera cette *petite Bergère* qui depuis son berceau a été favorisée d'une façon si extraordinaire ?

Elle a déjoué toutes les ruses du démon, qui n'a rien négligé pour la perdre. Elle a eu toutes sortes d'épreuves de la part de ses frères et sœurs qui pourtant l'aimaient beaucoup, mais ne la comprenaient point, et elle les a toutes surmontées. Cependant elle n'a jamais eu personne pour la diriger, ni même pour la consoler. Les secours humains, on peut le dire, lui ont fait complètement défaut. Au point de vue humain, elle ne sait rien ; elle est destituée de tout secours, de tout conseil. Mais du côté du Ciel les secours ont été nombreux et surabondants.

Chose remarquable ! elle a une existence des plus simples. Elle n'a point de difficultés comme Sainte Thérèse, qu'elle va bientôt trouver au couvent d'Avila. La Réformatrice appartient à l'aristocratie d'Avila ; elle a reçu une éducation conforme à celle des personnes de son rang et de son temps ; elle est cultivée. Elle est réformatrice du Carmel, et par suite en rapport avec une foule de personnages, d'évêques, de confesseurs, de religieux, de savants, d'hommes d'affaires, de bienfaiteurs. Elle doit montrer la sainteté d'un séraphin éclairé des lumières divines. Mais Dieu, pour la tenir dans l'humilité, la laisse toujours dans une certaine crainte par rapport aux faveurs extraordinaires dont elle est l'objet. Il est vrai que dans l'acte de la vision, elle n'a aucun doute que ce ne soit Dieu qui lui apparaisse ou qui lui parle. Il est vrai aussi qu'une fois la vision passée, elle conjecture par les bons effets qu'elle constate que probablement c'est Dieu qui s'est montré, ou qui lui a parlé. Néanmoins elle n'a plus alors la même assurance. Dieu d'ailleurs l'incline à consulter les confesseurs, les savants ; il le veut ainsi pour montrer au monde les trésors de grâces qu'il déverse dans ce cœur séraphique.

Rien de tel dans notre Bienheureuse Anne de Saint-Barthélemy. Elle voit Notre-Seigneur ; elle le croit sans difficulté. Notre-Seigneur lui enseigne telle ou telle vérité ; elle le croit de même. Comme c'est une personne simple, ignorante, qui, du moins, durant de longues années devra vivre cachée, elle n'a jamais besoin de consulter. Quand Notre-Seigneur lui apparaît, elle ne doute jamais que ce ne soit lui qui lui apparaisse ou qui lui parle. Elle sait qui il est ; elle reconnaît sa voix. Elle suit sans se préoccuper les conseils qu'il lui donne. La pensée ne lui vient même pas que ce n'est peut-être pas lui qui lui apparaît et qui lui parle.

Elle voit aussi la Très Sainte Vierge, les Anges, les Saints ; elle les entend, leur parle et n'a jamais le moindre doute sur la réalité de leurs apparitions et la véracité des paroles qu'ils lui disent. Elle vit familièrement avec Dieu depuis son enfance, comment aurait-elle des troubles dans la compagnie de ses amis, les Saints ?

Quand elle voit le démon, elle sait très bien qui il est. Sainte Thérèse indiquera beaucoup de moyens pour le découvrir, car elle s'adresse à une foule d'âmes qu'elle est destinée à éclairer par ses écrits ; elle raconte même qu'elle a été trompée par le démon, qui se transforme parfois en ange de lumière ; aussi elle a soin de prémunir les âmes contre ses ruses. Quant à notre Bienheureuse, elle voit le démon là où il est, sans se préoccuper des motifs qui doivent la porter à le croire ainsi. Sa vue n'est jamais incertaine, ni vacillante ; elle est toujours claire et sûre.

Toutes les faveurs dont elle est l'objet, bien loin de l'exalter à ses propres yeux, ne font que la rendre plus circonspecte, plus sage, plus humble, dans toutes ses pensées, paroles et démarches. Nous ne voyons même pas qu'il y ait eu en elle la moindre lutte, le moindre effort sur ce point. Elle ignore ce qu'est l'orgueil, la présomption ou la vaine gloire. Elle vit sans cesse dans la compagnie de Celui qui est la lumière. La pleine lumière divine où elle n'a cessé de se mouvoir dès l'âge le plus tendre, lui montre clairement qu'elle n'est rien par elle-même et que tout ce qu'elle est et peut faire, vient de ce Jésus qui est toujours son guide et son soutien. La prudence surnaturelle la guide sûrement et simplement en tout. Notre-Seigneur n'a pas voulu que cette âme fût troublée. Il lui a envoyé bien des épreuves de diverses sortes, mais sur ce point, il l'a favorisée d'une façon exceptionnelle : *prævenisti eam in benedictionibus dulcedinis.* Il est peu de Saints où son action se manifeste d'une façon aussi fréquente et aussi sensible, comme nous le verrons encore ces jours-ci.

Notre-Seigneur a donc été son seul Maître, son seul Directeur.

Qu'une telle âme n'ait pas été comprise même de ses frères et sœurs, il n'y a pas lieu de s'en étonner. Aussi quand arriva l'heure où ils l'accompagnèrent au couvent d'Avila, il ne semble pas qu'ils aient même soupçonné la grandeur du trésor qu'ils apportaient au Carmel. Son frère aîné qui l'aimait tendrement versa pour sa dot *vingt mille maravédis,* ce qui était, semble-t-il, une somme assez considérable pour l'époque, puisque, d'après les livres du monastère qui subsistent encore aujourd'hui, elle, simple sœur converse, apporta plus pour sa dot qu'une sœur de chœur, sortie de l'aristocratie d'Avila.

qui apporta dix-sept mille maravédis. Mais les vertus d'Anne de Saint-Barthélemy valaient plus que toutes les dots et tous les trésors du monde.

Nous avons vu quel esprit de foi a animé notre Bienheureuse. C'est la foi qui a été le vrai flambeau de sa vie. Notre-Seigneur s'est constitué son directeur exclusif. Il la retire du monde et la conduit à cette belle oasis du couvent de Saint-Joseph d'Avila où Thérèse de Jésus avait peu auparavant inauguré la Réforme du Carmel. Il l'a douée d'une prudence et d'une sagesse qui ont déconcerté tous ceux qui l'ont connue. Le monde ne l'a point appréciée et ne pouvait l'estimer, mais le ciel la chérissait. Et qui pourra dire combien elle était déjà grande devant Dieu !

Les faveurs extraordinaires dont il l'a prévenue sont un gage de ce qu'il lui réserve à l'avenir. Il n'est pas possible que tant de faveurs restent enfouies dans cette âme. Elles devront grandir, et cette âme privilégiée est déjà mûre pour servir d'instrument magnifique entre les mains de Dieu, nous pouvons en avoir la certitude : *Infirma mundi elegit Deus ut confundat fortia.*

DEUXIÈME SERMON

L'Apôtre Saint Paul, parlant aux Corinthiens, leur disait : « Pour nous, nous prêchons le Christ crucifié, qui est un scandale pour les Juifs et une folie pour les Gentils ; mais il est pour ceux qui ont été appelés, Juifs ou Grecs, la Sagesse de Dieu. Car ce qui est folie en Dieu est plus sage que les hommes, et ce qui est faiblesse en Dieu est plus fort que les hommes. Voyez ceux qui ont été appelés ; il n'y a ni beaucoup de sages selon la chair, ni beaucoup de puissants, ni beaucoup de nobles. Mais Dieu a choisi les choses folles du monde pour confondre les sages et les choses faibles du monde pour confondre ce qui est fort ».

Ce que l'Apôtre constatait devant les chrétiens de Corinthe, Dieu le renouvelle sans cesse dans le cours des siècles.

Il choisit Moïse, un enfant abandonné sur les bords du Nil, pour qu'il délivre son peuple de la servitude d'Egypte, lui donne des lois sur le Sinaï et le conduise à travers le désert au milieu des plus étonnants prodiges jusqu'à la terre promise.

Il choisit David, un berger, le dernier enfant de la famille de Jessé, pour en faire un grand Roi, un grand Prophète, un grand Saint, un grand guerrier.

Il choisit Gédéon, le dernier enfant de la famille de Manassé, qui est elle-même la dernière de sa tribu, pour délivrer Israël.

Il choisit Judith, Esther et cent autres personnages faibles pour délivrer miraculeusement son peuple des maux qui l'accablent.

Enfin le Fils de Dieu se fait Homme : Il nous rachète, comme dit Saint Paul, par la folie de la Croix, *per stultitiam Crucis* ; c'est sur la Croix qu'Il dresse son autel ; c'est là qu'Il s'immole ; c'est là qu'Il apaise la Justice infinie ; c'est là qu'Il nous réconcilie avec son Père ; c'est là, en un mot, qu'Il triomphe et qu'Il inaugure son règne : *Regnavit a ligno Deus ;* règne qui n'aura point de fin : *cujus regni non erit finis.*

Lés Scribes et les Pharisiens croyaient en avoir fini avec ce Jésus qu'ils venaient de crucifier, et voilà que ce Jésus sortait glorieux du tombeau. Aussitôt ses Apôtres, timides brebis qui avaient fui au moment de la Passion de leur Maître, étaient revêtus d'une force surhumaine. Douze pauvres pêcheurs sans lettres, sans talents, sans crédit, sans autorité humaine, se proclament hautement et hardiment les représentants et les continuateurs de ce Jésus ; par leur doctrine, leurs miracles, leurs vertus, leurs exemples, ils transforment le monde tout entier et l'amènent contrit et plein d'amour aux pieds du Divin Crucifié : *Infirma mundi elegit Deus.*

Or ce qui a eu lieu sous l'Ancien Testament, ce qui a eu lieu au lendemain de la Pentecôte, se renouvelle sous une forme ou sous une autre à travers les âges. Il faut que cette parole trouve toujours sa réalisation : *Infirma mundi elegit Deus.* Lorsqu'Il veut réformer l'Ordre antique du Carmel, il choisit, non pas des savants, des docteurs, des puissants selon le monde, mais une humble femme presque toujours malade, Thérèse de Jésus ; Il la montre comme un prodige de connaissances surnaturelles et de sainteté tout à la fois.

Or il a choisi aussi la Bienheureuse Anne de Saint-Barthélemy pour en faire l'instrument de ses merveilles : *Infirma mundi elegit Deus.* Certes, je n'ai point l'intention de la mettre sur le pied d'égalité avec les personnages dont je viens de parler. C'est Dieu, d'ailleurs, qui est le seul juge du mérite. Mais si au point de vue humain, elle n'a pas à remplir une mission aussi éclatante, si elle n'exerce pas une influence aussi profonde, elle répand néanmoins dans le Carmel et dans l'Eglise une lumière d'une incomparable beauté.

Nous avons vu hier comment elle a vécu de l'esprit de foi au milieu des grâces extraordinaires que Dieu a daigné lui accorder. Nous avons vu comment cette humble fille des champs a été l'étonnement de tous ceux qui l'ont connue. Dieu l'a montrée au monde comme un prodige jusqu'au jour où Il l'a amenée miraculeusement au monastère des Carmélites de Saint-Joseph d'Avila. Nous nous sommes demandé ce que deviendrait cette âme qui a été l'objet de tant de prédilection de la part de Dieu. Pourquoi Dieu en effet l'a-t-il choisie ? Quels sont ses desseins sur elle ? Quelle mission va-t-il lui confier ? Voilà tout autant de questions qui se pressent sur nos lèvres et qui attendent une réponse. Hier, nous avons vu la *petite Bergère ;* contentons-nous aujourd'hui de considérer la *Religieuse Carmélite* durant son noviciat et après sa profession à l'école de Sainte Thérèse.

I

La Bienheureuse Anne de Saint-Barthélemy n'a pas eu l'honneur d'être appelée à la première heûre dans la réforme du Carmel. Elle n'a pas eu par conséquent la gloire de partager les épreuves qui en ont marqué les débuts au couvent de Saint-Joseph d'Avila. Elle n'a point vu non plus les difficultés des premières fondations de la Réforme, Médina del Campo, Malagon, Valladolid, Tolède, Pastrana. Elle entrait à Avila le jour même où Sainte Thérèse inaugurait la fondation du monastère de Salamanque, le 2 Novembre 1570. La Réforme du Carmel n'était encore qu'une jeune plante. Elle ne datait officiellement que du 24 août 1562. Mais en réalité ce n'est guère que vers la fin de 1563 ou même en 1564 qu'elle commença vraiment à vivre de sa vie propre, lorsque toutes les difficultés avec les autorités locales furent terminées ; et encore, n'y avait-il que quatre novices autour de la Sainte Réformatrice.

En 1570, la Réforme du Carmel n'était donc qu'une jeune plante, puisqu'elle ne comptait que sept couvents composés de jeunes religieuses, en petit nombre d'ailleurs ; mais cette plante était pleine de la plus pure sève divine ; elle allait bientôt devenir un grand arbre qui devait, en étendant au loin et au large ses rameaux bienfaisants, produire les fruits les plus doux et les plus beaux dans le jardin de l'Eglise.

A l'époque où notre Bienheureuse Anne de Saint-Barthélemy entrait au monastère de Saint-Joseph, elle avait 21 ans. Elle connaissait déjà les épreuves de la vie, comme nous l'avons vu hier. Mais d'autres épreuves l'attendaient. Tous ici-bas ne devons-nous pas porter notre croix et ressembler à Notre-Seigneur ? Or, N.-S., comme l'appelle le prophète est : « *Virum dolorum et scientem infirmitatem* ». La grande loi de la souffrance s'impose à tous sans exception. « Si quelqu'un veut venir après moi, qu'il se renonce et porte sa Croix tous les jours, dit le Sauveur. — *Si quis vult venire post me, abneget semetipsum et tollat crucem suam quotidie* ». Il a ajouté : « Si quelqu'un ne porte pas sa croix, il n'est pas digne de moi. — *Si quis non bajulat crucem suam, non est me dignus* ».

Il n'est pas possible de se soustraire à cette loi. Elle pèse de tout son poids sur chacun des élus ; que dis-je ? tous les Saints l'ont non seulement acceptée, mais embrassée. — C'est Saint André qui s'écrie dans la jubilation : « *O bona Crux tam diu desiderata !* » Ce sont les Apôtres qui sont remplis de joie, parce qu'ils ont été trouvés dignes de souffrir pour le Christ : *ibant gaudentes a conspectu concilii, quoniam digni habiti sunt pro nomine Jesu contumeliam pati.* C'est Saint Paul qui dit : Il faut nous glorifier dans la Croix de N. S. J. C. : *Gloriari oportet in cruce D. N. J. C.* Il ajoute : Loin de nous de nous glorifier, si ce n'est dans la Croix de N. S. J. C. *Mihi absit gloriari nisi in cruce D. N. Jesu Christi.* C'est le grand martyr d'Antioche qui s'écrie : Je suis le froment du Christ ; je dois être moulu sous la dent des bêtes féroces : *Frumentum Christi sum, bestiarum dentibus molar* ». C'est le Séraphin d'Avila qui s'écrie : Ou mourir, ou souffrir : *aut mori, aut pati !* C'est Saint Jean de la Croix qui dit à son tour : Seigneur, souffrir et être méprisé pour vous : *pati et contemni pro te.*

La loi de l'expiation s'est fait sentir à toutes les âmes généreuses. Elle continue à faire l'indicible tourment de tous les élus de Dieu ; il serait bien à plaindre celui qui ne se soumettrait pas à cette loi ou qui ne l'accepterait pas, je ne dis pas avec jubilation, car cela n'est pas donné à tous, mais avec résignation et humble soumission. Nous sommes tous les descendants d'un père coupable. A la faute originelle, nous avons ajouté, et nous ajoutons, hélas ! une foule de fautes personnelles. L'expiation est de rigueur.

Mais les Saints passent par des souffrances expiatrices que ne soupçonne pas même le commun des fidèles. Notre Mère Sainte Thérèse l'affirme expressément lorsqu'elle parle des souffrances des contemplatifs. Il leur faut, dit-elle, un grand courage pour les supporter. Notre Père Saint Jean de la Croix n'est pas moins explicite. Or l'un et l'autre pouvaient en parler en connaissance de cause. Cette loi de l'expiation est la réalisation de la parole de l'Apôtre Saint Paul : « *Adimpleo ea quæ desunt passionum Christi* » (Col. I 24). Les Saints sont appelés plus que les autres fidèles à aider le Sauveur dans son immolation pour le salut du monde. Comme ils n'ont plus besoin d'expier pour eux-mêmes, ils doivent le faire pour les pauvres pécheurs. Plus une âme est pure et plus elle se rapproche du divin modèle, plus aussi elle est apte à s'unir à la Sainte Victime du Calvaire.

Or telle était Anne de Saint-Barthélemy. C'était une âme innocente et pure qui avait toujours vécu dans la compagnie visible de N. S., qui n'avait connu ni le monde, ni les plaisirs du monde, qui n'avait jamais eu au cœur d'autre désir, d'autre ambition que de plaire à Dieu. Ce que nous en avons dit en est la preuve irréfragable.

Eh bien ! cette âme pure et innocente qui s'était toujours trouvée dans l'intimité de Notre-Seigneur, qui Le voyait, qui Lui parlait chaque jour et presque à chaque instant, qui n'avait cessé d'en recevoir des témoignages d'un amour extraordinaire, se voit complètement privée de toutes ses faveurs peu de jours après son entrée en religion, au monastère des Carmélites de Saint-Joseph d'Avila.

Sans doute, quand elle franchit le seuil du monastère, elle reconnaît que cette demeure est bien celle que la Vierge Marie lui a indiquée dans une vision dont nous avons parlé. Sans doute, elle reconnaît que toutes les Religieuses du monastère sont bien celles qui lui ont été montrées dans cette même vision. Sans doute, l'habit que ces religieuses portent est bien celui que la Très Sainte Vierge Marie lui a signalé comme étant celui de son Ordre privilégié. Sans doute, par une grâce toute exceptionnelle, elle se trouve dès le premier instant tout aussi à l'aise avec les religieuses que si elle avait toujours vécu avec elles. Sans doute, toutes les observances de la vie religieuse lui sont tout aussi familières que si elle les avait toujours pratiquées. En un mot, il semble bien qu'elle se trouve dans le lieu de son repos, dans son centre, dans sa maison, dans sa famille, dans sa vocation, là où Dieu l'a appelée.

Mais chose étrange, son noviciat fut des plus pénibles. Elle avait eu, il est vrai, des épreuves avant d'entrer en religion ; mais elle les avait supportées avec allégresse, tant étaient abondants les secours surnaturels qu'elle recevait ; comme Notre-Seigneur lui apparaissait, la consolait, tout était facile ; de plus, ces épreuves venaient d'en bas, des créatures ; maintenant, elles viennent d'en haut, de Dieu.

Le Divin Maître qui l'avait toujours si visiblement assistée et conduite par la voie des visions et des consolations, la laisse pour ainsi dire à elle-même et à ses propres forces. Il lui retire tout ce que ses faveurs avaient de sensible. Il la plonge dans les aridités, les sécheresses, le dégoût le plus profond pour les choses de Dieu et de la religion, dans la crainte de n'avoir pas la vocation et de ne pas faire son salut. Il ne lui parle plus. Il ne se manifeste plus à elle. Que s'est-il donc passé ? Est-ce qu'elle est tombée dans quelque manquement pour s'attirer cette disgrâce ?

Il nous est difficile de définir et même d'imaginer ce qu'un pareil changement dut avoir de crucifiant pour notre Novice. Depuis sa plus tendre enfance, elle a joui presque continuellement de la vue et de la conversation de Notre-Seigneur, et maintenant elle en est complètement privée. Elle n'est entrée en religion que sur son ordre et par amour pour Lui ; elle a obéi simplement malgré toutes les difficultés qui se sont opposées à sa vocation ; et cependant le Sauveur ne se montre plus. Elle est, semble-t-il, plus fidèle que jamais à servir Dieu, à honorer la Très Sainte Vierge Marie et les Saints ; malgré tout, le Ciel est sourd à ses accents. Les jours, les semaines, les mois se succèdent, le noviciat approche de sa fin sans apporter le moindre adoucissement à un tourment que les hommes ne comprennent pas et ne peuvent même pas soupçonner.

Nous ne savons, en effet, pourquoi Dieu accorde ses faveurs en abondance, ni pourquoi Il juge bon d'en suspendre le cours. Il est toujours libre de ses dons. Il n'agit d'ailleurs, nous n'en doutons pas, que dans un but de miséricorde et d'amour pour les âmes. Sa sagesse n'est pas la sagesse de l'homme. Ce qui est certain, c'est qu'Il n'éprouve ses élus, et en particulier, ses amis dévoués, que pour leur plus grand bien et le nôtre. Si parfois Il les laisse à leurs propres forces, c'est pour les aider à reconnaître davantage leur faiblesse native et établir en eux une humilité toujours plus profonde. Il veut aussi nous faire comprendre que la sainteté ne consiste point dans les visions ou les consolations, mais dans l'accomplissement de sa volonté, quelque pénible qu'elle puisse être pour notre nature.

Or les Saints, ai-je dit, ne doivent pas expier seulement pour eux-mêmes, ils doivent expier aussi pour les autres. Notre-Seigneur les appelle à goûter quelque chose de la tristesse mortelle où Il était au Jardin de Gethsémani et du délaissement où Il était à la Croix, afin de suppléer à ce qui manque à sa Passion. Ils sont ses aides, ses coadjuteurs dans l'œuvre de la Rédemption. Ah certes, le but à atteindre est éminemment noble et élevé ; il n'est rien moins que divin ; il exige une foule de sacrifices. A l'âme de les accepter, de se laisser immoler et broyer, écraser même, à l'instar de la Divine Victime, comme le raisin sous le pressoir.

C'est alors que les Saints manifestent le mieux la puissance de vie surnaturelle qui les anime... Ils crient vers Dieu et le jour et la nuit ; ils l'appellent, ils le cherchent : « *per vicos et plateas : à tous les carrefours de la vie* ». Ils frappent à la porte de son Cœur adorable. Ils se livrent à toutes sortes de pénitences et d'austérités pour obtenir un simple rayon de soleil, un simple regard de miséricorde, quelques miettes de la table si abondante du Père Céleste. Qu'ils sont donc beaux les Saints dans ces élans de leur esprit et de leur cœur qui s'en va à la recherche, à la poursuite, à la conquête du Dieu de toute miséricorde ! quel exemple ne nous donnent-ils pas de leur fidélité, puisque, malgré tous les délaissements et tous les abandons, ils continuent à servir Dieu avec une indéfectible et inlassable constance ! Et comment Dieu ne serait-il pas touché de leurs accents ?

Mais notre Novice n'allait-elle pas finir par succomber sous le poids d'une épreuve qui se prolongeait, et renoncer à la vie de Carmel qui ne lui apportait que des croix ? Non, non, elle est trop fortement pénétrée de l'esprit surnaturel pour faillir à la tâche. Le Sauveur lui a retiré, il est vrai, tout ce que ses faveurs avaient de sensible, mais Il la soutient intérieurement sans lui faire sentir son secours. Cette âme est à Lui. Il ne l'a pas comblée de tant de faveurs depuis son enfance pour l'abandonner maintenant. Animée de cette foi et de cette confiance qui ne lui avaient jamais manqué, elle expose donc souvent sa plainte à Notre-Seigneur lui-même. Voici en quels termes elle le fait, comme elle nous le raconte : *« Eh quoi, mon Dieu, m'avez-vous donc délaissée ? Si je ne connaissais votre conduite, je croirais que vous m'avez trompée, car je ne serais pas venue en religion, si j'avais su que j'y serais privée de votre aimable présence* ».

Voilà comment lés Saints s'entretiennent avec Dieu. Ils sont devenus ses familiers, ses intimes. Ils expriment des pensées qui nous étonnent et qui nous semblent hardies parfois et même téméraires. Mais aussi le Seigneur ne les a-t-il pas autorisés à parler de la sorte, vu la condescendance si miséricordieuse dont il use à leur égard ?

Que va-t-il répondre à sa fidèle servante ? Après l'avoir laissée longtemps comme dans une terre déserte, sans chemin, sans eau, « *in terra deserta et invia et inaquosa* », crier vers lui, soupirer vers lui, avec plus d'ardeur encore que le cerf altéré soupire après les eaux vives « *sicut cervus ad fontes aquarum* », il daigne enfin lui apparaître. C'était peu de temps avant sa profession, qui eut lieu le 15 août 1572. Il lui dit : « *Il faut que désormais tu marches par une autre voie, et que tu mènes une vie de dévoûment à ma cause* ».

Cette parole opère ce qu'elle signifie, ou plutôt elle signifie ce que Notre-Seigneur a déjà opéré en elle. Car depuis le commencement de son noviciat, qu'a-t-elle fait si ce n'est servir Dieu sans en recevoir la moindre consolation dans le détachement le plus complet à son service ? Elle est donc prête ; elle sort de la fournaise toute transformée et plus pure que l'or qui sort du creuset. Aussi, elle saura répondre plus que jamais à l'appel du Sauveur qui la remet entre les mains de Thérèse de Jésus.

II

Jusqu'au moment de sa vie où nous sommes parvenus, nous ne l'avons pas encore rencontrée en compagnie de la Réformatrice du Carmel. Et cependant, elle a dû la voir avant de prononcer ses vœux. Nous avons dit que Thérèse de Jésus était absente lorsque notre Bienheureuse entra au monastère. Mais elle ne tarda pas à rentrer à Avila. Quels furent les épanchements de ces deux âmes ? Nous l'ignorons. L'une et l'autre ont gardé un silence profond sur leurs premières entrevues. Ce qui est certain, c'est que la Sainte avait dû recevoir des rapports favorables sur elle.

Il faut savoir qu'au début de la Réforme du Carmel, il n'y avait pas de sœurs converses ; les sœurs de chœur étaient chargées à tour de rôle des gros travaux du monastère. Mais la Réformatrice n'avait pas tardé à reconnaître la nécessité d'avoir des sœurs converses. Elle confia donc son projet au Divin Maître et le conjura de lui envoyer de saintes filles capables d'aider les sœurs de chœur. Elle les désirait très vertueuses, très saintes. Qui pourra dire tout ce qu'elle fit pour obtenir de Dieu des sujets de choix ? Aussi fut-elle exaucée au delà de tout ce qu'elle pouvait désirer.

Notre Bienheureuse qui a la gloire d'être la première sœur converse de la Réforme, était en effet un sujet de choix. C'était une âme vraiment surnaturelle, pleine de l'esprit de Dieu. Elle comprenait ses obligations, elle aimait son emploi, elle s'y sanctifiait et menait une vie qui correspondait de tout point à sa vocation. On ne pouvait rien reprocher à cette petite fille des champs si humble et si simple. Tous ses devoirs, elle les accomplissait avec une perfection extraordinaire ; ses exercices de piété faisaient l'admiration des Anges ; sa douceur et sa patience ne se démentaient jamais ; sa charité ne cessait de s'exercer malgré les fatigues et les difficultés ; son dévoûment était sans borne ; elle avait grâce pour tout ; aussi était-elle profondément aimée, estimée et vénérée. Elle occupait, il est vrai, un rang subalterne, inférieur ; elle était destinée aux gros travaux du monastère. Mais déjà on devinait en elle une de ces âmes d'élite qui sont appelées à monter très haut et à exercer une influence profonde dans le Carmel et dans l'Eglise.

C'est Thérèse de Jésus qui sera chargée de la préparer à cette mission. Or nous pouvons avoir la certitude que le Séraphin d'Avila saura s'acquitter de sa tâche. Dieu d'ailleurs avait façonné ces deux âmes l'une pour l'autre. Notre Bienheureuse nous l'apprend elle-même : « *Comme j'étais malade, nous dit-elle, lorsque la Sainte partit pour la fondation de Véas, et qu'elle n'avait pu m'emmener avec elle, j'osai me plaindre à N.-S. et lui dire : Seigneur, je vous avais demandé des souffrances, mais maintenant, je vois que je fais souffrir la Communauté ; aussi je désire que les souffrances soient pour moi seulement, afin que je puisse servir les sœurs et ne leur causer aucun ennui* ».

Le Sauveur lui répondit de suite : « *Je ferai ce que tu demandes, tu auras à souffrir en compagnie de Thérèse, ma fidèle servante ; vous endurerez tou-*

tes les deux ces souffrances dans vos voyages pour les fondations ».

Notre Bienheureuse ajoute : « *Bien que je n'aie rien dit de cette vision à la Sainte, je crois qu'elle en a eu une semblable, et que le Seigneur lui a recommandé de m'emmener pour l'aider* ».

De fait, la Sainte s'intéressa plus que jamais à notre Bienheureuse. Elle savait combien cette âme privilégiée était déjà élevée en perfection ; elle désirait la voir grandir encore et l'aider par des conseils appropriés. Elle était persuadée que Dieu avait les plus hauts desseins sur elle, et que tous les trésors de grâces dont Il l'enrichissait chaque jour devaient bientôt produire les plus beaux fruits. Elle crut de son devoir de lui demander beaucoup et elle n'hésita pas. Aussi, elle la traita en âme forte et privilégiée, capable d'accomplir les actes les plus héroïques et même d'obtenir du Ciel les prodiges qui rappelleraient les plus beaux jours de l'âge d'or de la sainteté.

Que fait-elle ? Elle voit l'humble sœur converse minée par une fièvre qui la consume depuis de longs jours, et ne pouvant se traîner qu'à grand'peine. Néanmoins, elle lui commande de se mettre immédiatement à exercer l'office d'infirmière et de soigner les cinq religieuses de chœur qui étaient retenues au lit. Comment la petite sœur converse va-t-elle pouvoir obéir ? Elle peut à peine se traîner, et elle est vraiment aussi malade, sinon plus, que les sœurs qui sont au lit. N'importe, elle ne songe qu'à obéir, car l'obéissance a été sa vertu favorite depuis son enfance. De suite, elle se met à l'œuvre au prix des plus grands efforts.

Enfin, la nouvelle infirmière a pu arriver jusqu'au pied de l'escalier qui conduit aux malades. Mais une fois là, les forces la trahissent. Il lui est impossible de monter. Elle lève alors les regards vers le Ciel, afin d'obtenir la force d'obéir, et apercevant le Sauveur au haut de l'escalier, elle lui dit avec sa foi et sa confiance habituelle : « *Aidez-moi, Seigneur, car je ne puis monter* » ; et le Sauveur lui répond : « *Monte, ma fille* ». Aussitôt elle se trouve au haut de l'escalier aux pieds du Sauveur qui l'accompagne visiblement jusqu'à la cellule de la première malade. Arrivé là, il lui dit : « *Va soigner les autres ; je m'occuperai de celle-ci* ». Elle s'y rend sans fatigue aucune. Elle est guérie, et les cinq malades sont également guéries. A qui faut-il attribuer tous ces prodiges ? à Thérèse de Jésus qui commande ou à sa fille Anne de Saint-Barthélemy qui obéit ? Peut-être, me direz-vous : à l'une et à l'autre tout à la fois ; et j'y consens volontiers.

Ce qui est certain, c'est qu'à partir de cette époque, la Sainte disait souvent à l'humble sœur converse : « *Sœur Anne, Sœur Anne, si j'ai la réputation d'une sainte, vous, vous en avez les œuvres* ».

Aussi, persuadée plus que jamais que l'esprit de Dieu habite avec elle, elle la nomme Prieure des malades. « *Quand il y aura des malades*, lui dit-elle, *ne me demandez plus de permissions, et faites tout ce qui sera nécessaire* ».

La nouvelle Prieure des malades s'acquittait donc de sa charge chaque fois que l'occasion s'en présentait, à la satisfaction de toutes les sœurs. Les prodiges, d'ailleurs, se renouvelaient.

Un jour, c'est Notre-Seigneur qui la prévient de se hâter d'aller près d'une sœur qui est à l'agonie ; et la moribonde a le privilège d'être assistée à l'heure décisive et solennelle par cette incomparable infirmière ; et elle passe doucement des bras de cet ange de pureté dans les bras de son Dieu.

Une autre fois, elle trouve auprès d'une malade S. Elie et S. Elisée ; ils lui reprochent ce qu'ils appellent sa négligence, et ils se retirent, en laissant complètement guérie la malade dont elle s'occupait alors.

Des faits de ce genre se reproduisaient fréquemment et donnaient un prestige toujours plus grand à l'humble Prieure des malades qui en était l'instrument. Parfois la tâche de la sœur était bien lourde. Elle n'avait pas le temps même matériel de faire des prières ni de se rendre au chœur avec les sœurs. Comment résout-elle alors la difficulté ? Car, il faut qu'elle obéisse, et il faut qu'elle ne manque ni ses dévotions, ni ses prières.

Or, rien n'est impossible à Dieu. Le Sauveur auquel elle s'adresse avec sa confiance habituelle, lui dit *qu'elle doit se faire la servante de toutes les Sœurs.* Elle les servira donc et en même temps elle priera. Elle ne perdra jamais la présence de Dieu. Toute sa vie sera une louange perpétuelle à Dieu, une adoration non interrompue. Elle vivra en compagnie de Notre-Seigneur d'une façon aussi intime que si elle était au chœur devant le Saint Sacrement. Il faut qu'elle soit un peu partout dans la communauté, pour servir les Sœurs. Mais N. S. sera toujours avec elle pour l'assister, pour la servir elle-même. Aussi elle réalise au pied de la lettre ce que l'Apôtre Saint Paul disait de lui-même : « *Vivo ego, jam non ego, vivit vero in me Christus* ». Elle est tout à la fois Marthe et Marie d'une façon admirable.

Elle aurait précisément voulu un peu de solitude pour pouvoir, croyait-elle, posséder plus facilement son Dieu. Telle n'était pas la volonté de Dieu. Thérèse de Jésus, en effet, ajoute encore à ses occupations et lui confie l'office de *tourière* qui l'oblige à avoir des rapports de tous les instants avec les personnes du dehors, comme avec toutes les sœurs de la communauté. Il faudra qu'elle suffise à tout. Elle se recueille comme pour appeler N. S. à son aide, et N. S., lui montrant des roses au milieu des épines, lui dit : « *Je veux que tu grandisses comme ces roses au milieu des épines* ». Elle devient en effet comme une rose qui, au milieu de toutes les épines des difficultés et des fatigues, ne cesse de répandre toujours plus autour d'elle la bonne odeur de Jésus-Christ.

Une autre fois, c'est la Sainte Trinité qui se manifeste à elle dans une Majesté incomparable, afin de l'aider à se recueillir. « *Vois*, lui dit-elle, *il n'est pas difficile de se recueillir ; je suis toujours au centre de ton âme ; crois et adore* ».

Notre-Seigneur lui apparaît un jour sous les traits de l'*Ecce Homo* et lui adresse des reproches : « *Vois*, lui dit-il, *si tes tourments approchent des miens* ».

Une vie si remplie de dévouement et de sacrifice n'est pas encore tout ce que l'on demande d'elle. Sainte Thérèse qui ne doute de rien quand il s'agit de la Sœur Anne de Saint-Barthélemy, semble se montrer vraiment exigeante à son endroit. Elle se trouvait un jour pressée par une foule de lettres auxquelles il lui était impossible de répondre. Elle ne cessait de recevoir les nouvelles les plus alarmantes pour l'avenir de la Réforme du Carmel. Saint Jean de la Croix avait été pris et jeté en prison ; il était traité comme un malfaiteur, privé de la messe et de la communion ; il ne pouvait même réciter son bréviaire tant était obscur le réduit où on l'avait jeté. Durant plus de huit mois, on ne sut jamais ce qu'il était devenu.

Les principaux chefs de la Réforme étaient excommuniés et emprisonnés ; les autres se cachaient, tous tremblaient. Les Carmélites gémissaient partout dans leurs solitudes et offraient à Dieu leurs prières et leurs sacrifices. Défense avait été portée de fonder de nouveaux monastères, et de recevoir des novices. La guerre continuait impitoyable, et la Réforme du Carmel semblait à deux doigts de sa perte. Etait-elle condamnée à périr dans les langes du berceau ?

Thérèse priait aussi et offrait à Dieu les plus purs sacrifices ; mais elle aurait voulu pouvoir écrire à ses fils et à ses filles pour les soutenir dans l'épreuve et les encourager. Elle aurait voulu surtout pouvoir écrire à certains personnages influents, afin de les gagner à sa cause et de les amener à travailler pour la Réforme du Carmel.

Hélas ! elle était malade et dans l'impossibilité de faire face à tant de difficultés. Elle était accablée par les chagrins et la maladie, et presque dans le découragement le plus complet, lorsque notre Bienheureuse se présente. Elle ne peut s'empêcher de déverser le trop-plein de son âme affligée dans celle de notre Bienheureuse, et elle lui expose, sans attacher peut-être beaucoup d'importance à ce qu'elle lui disait que, si elle savait écrire, elle pourrait peut-être l'aider un peu. L'humble sœur, non moins admirable que sa Séraphique Mère, lui répond avec une simplicité vraiment angélique : « *Vous n'avez qu'à me le commander, et N. S. me donnera la grâce de vous obéir. Il est vrai que je ne sais pas écrire, mais N. S. est tout puissant* ».

Toute ravie d'une pareille réponse, la Sainte se recueille un instant comme pour consulter Dieu, puis, lui donne comme modèle la lettre d'une sœur qu'elle avait sous la main. Anne de Saint-Barthélemy regarde cette lettre et se permet de répliquer à sa Sainte Mère : « *Il me semble qu'une lettre de vous serait plus facile à imiter. — Qu'à cela ne tienne* » ! dit la Sainte ; et aussitôt elle trace quelques mots et lui passe le papier. Anne de Saint-Barthélemy prend ce modèle, et depuis ce moment elle ne cesse d'écrire lettres sur lettres et de servir de secrétaire à la Sainte jusqu'à la fin de sa vie.

En un instant, elle avait appris à écrire ! Encore une fois, à qui faut-il attribuer ce prodige, à Thérèse de Jésus ou à la Sœur Anne de Saint-Barthélemy ? peut-être, me direz-vous, comme dans le cas précédent : à l'une et à l'autre tout à la fois ; et je ne m'y oppose pas.

Vous le voyez ; Dieu se met absolument à la disposition de ces âmes. C'est que ces âmes lui ont donné depuis longtemps des preuves innombrables d'une vertu héroïque. Elles ont une foi absolue en Lui. Elles agissent à son service avec cette simplicité admirable qui nous ravit. Elles ne sont même pas étonnées des prodiges dont elles sont l'objet. Elles ont de telles preuves de l'amour divin ; elles savent qu'elles sont l'objet de ses attentions à un tel point qu'elles demandent à Dieu tout ce dont elles ont besoin avec la pleine confiance d'être exaucées.

N. S. avait dit un jour à Sainte Thérèse : « *Ton honneur est le mien et le mien est le tien ; demande-moi tout ce que tu voudras* ». De telles âmes réalisent à la lettre cette parole de nos Saints Livres : « *Dieu fait la volonté de ceux qui le servent : Voluntatem timentium se faciet* ». Saint Augustin a dit : « *Aime et fais ce que tu veux : Ama et fac quod vis* ». Quand on aime Dieu avec cet amour éminent dont ces âmes sont embrasées, on peut faire ce qu'on veut ; on ne saurait alors se mouvoir que dans l'orbite de l'amour le plus transcendant, et Dieu accorde alors tout ce qu'on désire : *Voluntatem timentium se faciet.*

Ces quelques faits nous montrent avec évidence que notre Bienheureuse était bien la digne fille de la Réformatrice du Carmel. Sainte Thérèse ne pouvait donc faire un meilleur choix que de la prendre pour compagne dans ses Fondations. Elle aurait de la sorte l'assurance complète que tout irait bien dans la compagnie de cet ange de pureté auquel le Seigneur ne ménageait point ses faveurs. C'est Dieu d'ailleurs qui la lui donnait pour compagne, comme nous l'avons déjà dit.

Ce choix qui est fait de notre Bienheureuse n'est pas sans motif. Dieu veut qu'elle soit en compagnie de la Réformatrice, qu'elle la suive dans ses voyages, qu'elle la traite dans l'intimité d'une façon constante, qu'elle soit le témoin de toute son existence, qu'elle l'assiste dans la période la plus active, la plus importante et la plus parfaite de sa vie.

Dieu veut par là la préparer à sa future mission

de Fondatrice et l'accréditer devant toute la Réforme du Carmel ; *infirma mundi elegit Deus ut confundat fortia*. Dieu a choisi cette humble petite Sœur pour opérer une foule de prodiges, comme nous l'avons déjà vu, et pour en opérer de plus grands encore, au fur et à mesure qu'il le jugera bon pour sa propre gloire ; il veut que cet instrument si faible confonde la sagesse humaine.

Sainte Thérèse n'hésitait même pas à demander conseil à son humble compagne et à recourir à ses lumières, comme elle nous le déclare expressément au chapitre 29 de son livre des *Fondations* : « *Elle est*, dit-elle, *si grande servante de Dieu et si prudente, qu'elle peut m'aider plus que beaucoup d'autres qui sont religieuses de chœur* ». Ces quelques mots qui sont jetés au courant de la plume par la Séraphique Thérèse de Jésus, sont le plus beau panégyrique qui puisse être jamais fait de notre Bienheureuse.

La Sainte Fondatrice recourait donc à elle avec la conviction absolue que Dieu parlait par son intermédiaire. Or nous devons remarquer qu'à l'époque où la Séraphique Vierge d'Avila s'exprimait ainsi, elle était arrivée au comble de la Sainteté. C'était l'année qui précéda sa mort. Elle qui se plaisait à consulter les docteurs, les savants, avait à cœur aussi de prendre conseil de la petite sœur converse. Notre-Seigneur la lui avait donnée pour compagne ; et avec des âmes aussi fidèles à le servir, Il ne fait pas les choses à demi.

Aussi la petite sœur converse n'est pas destinée seulement à aider la Sainte Fondatrice dans ses travaux et dans ses courses, comme une servante, une domestique ou une dame de compagnie, mais à la soutenir dans les épreuves et les difficultés. Elle est sa compagne surtout sous le côté spirituel et surnaturel. Elle vit dans son intimité ; elle la suit le jour et la nuit dans ses occupations, comme dans ses extases, dans ses rapports avec le monde ou avec les religieuses, comme dans ses rapports avec Dieu. Et comme ces deux cœurs brûlent à l'unisson d'un même amour pour Dieu, leurs âmes sont comme fondues en une seule, et le Séraphin d'Avila reçoit avec gratitude non seulement les soins, mais surtout les conseils de la petite sœur converse : *Infirma mundi...*

La Sainte mettait donc d'emblée cette humble sœur converse au-dessus d'une foule de sœurs de chœur à cause de ses vertus et de ses lumières. Aussi voulut-elle à différentes reprises la faire monter au rang des sœurs de chœur. C'était, il est vrai, une innovation, une exception unique. Jamais un pareil cas ne s'était vu dans la Réforme du Carmel. Mais la Réformatrice, inondée comme elle l'était des lumières de Dieu, guidée sans doute aussi par l'Esprit-Saint qui habitait en elle, ne craignit pas de déroger à tout ce qui s'était vu et pratiqué ; elle tenait à faire une exception en faveur de sa compagne, non pour la récompenser des services sans nombre qu'elle en recevait, (une telle supposition serait une injure à cette âme séraphique), mais pour enrichir le nombre des sœurs de chœur d'un sujet exceptionnel sous tous les rapports.

Si elle ne réussit pas, il est vrai, à vaincre l'humilité de la sœur, elle lui prédit, du moins, qu'*un jour elle recevrait de mains étrangères le voile noir des*

sœurs de chœur qu'elle lui eût donné si volontiers.
Ce projet de la Fondatrice nous montre avec évidence quelle estime elle avait de notre Bienheureuse et combien elle devait travailler à relever son mérite vis-à-vis de la Réforme naissante : *Infirma mundi elegit Deus.*

Aussi quand l'heure de la mort approche, elle redouble de confiance envers sa compagne. C'est d'elle qu'elle reçoit tous les soins qu'exige son état. C'est dans les bras de cet ange de pureté que s'endort le Séraphin d'Avila. Il ne pouvait, ce semble, en être autrement. Notre Bienheureuse sentait le glaive de la douleur transpercer de plus en plus son cœur, en voyant s'éteindre peu à peu l'existence si précieuse de la Fondatrice. Mais voilà que tout à coup la cellule de la moribonde se transforme. Notre Bienheureuse voit le chœur des dix mille vierges et des Anges y entrer ; puis elle voit le Roi des Rois qui apparaît tout resplendissant de lumière et de gloire, et vient chercher sa fidèle Epouse. Elle voit alors l'âme de la Séraphique Mère se détacher de son enveloppe terrestre sous le symbole d'une colombe d'une incomparable beauté, se joindre au chœur des Vierges qui suivent l'Agneau Divin partout où Il va, et entrer triomphale et radieuse dans le séjour bienheureux pour y chanter éternellement les miséricordes de Dieu. « *Misericordias Domini in æternum cantabo* ».

C'était vraiment le vestibule du Ciel. Un tel spectacle tranquillise pleinement notre Bienheureuse. Depuis ce moment fortuné où elle avait eu une vision de la béatitude de sa Séraphique Mère, il lui fut impossible de la pleurer. Elle était constituée à un titre spécial l'héritière de son esprit, la continuatrice de son œuvre.

Eh bien, malgré cette estime dont elle a été l'objet de la part de la Fondatrice, Anne de Saint-Barthélemy ne s'est jamais départie de son rôle.

La Fondatrice fait son éloge ; elle restera humble.

La Fondatrice l'appelle une Sainte ; elle ne sortira pas pour cela de la vue de son néant.

La Fondatrice l'admet de préférence à beaucoup d'autres dans son intimité, disons le mot, dans ses confidences, dans tous les secrets de la Réforme du Carmel ; elle ne s'en prévaudra jamais.

La Fondatrice en fait sa secrétaire, et elle, tout en rendant les services qui sont demandés, n'ira pas plus loin, et retournera de suite et d'elle-même aux gros travaux de la maison.

La Fondatrice veut l'élever au rang des sœurs de chœur et revient même plusieurs fois sur ce projet ; que dis-je ? elle appelle à son secours le Provincial pour la déterminer à accepter ; mais notre petite sœur s'en croira tellement indigne que, devant la désolation que lui inspire son humilité, Fondatrice et Provincial n'osent plus insister.

Il y a plus ; Notre-Seigneur opère par son intermédiaire des prodiges et des miracles ; mais tous ces prodiges et ces miracles dont elle est l'instrument ne sauraient enfler son cœur.

En un mot, c'est une âme d'une humilité éprouvée. Eh bien ! cette humilité si profonde est quelque chose de plus magnifique que tous les prodiges qu'elle a opérés. La Fondatrice ne se trompait donc point, lorsqu'elle disait que c'était une très grande servante de Dieu, car l'humilité est la pierre de touche d'une vertu solide et éminente.

Elle ne s'est point laissée éblouir par les éloges qu'elle recevait ni par les égards dont elle était l'objet.

Elle n'a jamais profité de la situation exceptionnelle qu'elle avait vis-à-vis de la Fondatrice pour se relâcher.

Elle ne s'est jamais prévalu des services nombreux qu'elle lui rendait pour chercher à s'élever, ni pour capter un privilège ou une faveur.

Elle n'a jamais abusé de la confiance dont la Sainte l'honorait.

Cette situation qui lui est faite vis-à-vis de la Fondatrice et vis-à-vis de la Réforme ne sert qu'à l'entretenir dans l'humilité. Elle comprend qu'elle doit, comme la Fondatrice dont elle est la compagne, donner l'exemple de toutes les vertus à la Réforme. Plus elle est en vue, plus elle doit mener une vie sainte à l'exemple de la Fondatrice. En un mot, comme nous l'avons dit, c'est une âme vraiment surnaturelle. Nous avons vu hier la *Petite Bergère*. Nous venons de contempler la Religieuse à l'école de Sainte Thérèse ; et nous devons reconnaître que ce que faisait pressentir la *petite Bergère*, la Religieuse l'a réalisé. Dieu s'est servi de cet instrument si frêle en apparence pour opérer de grandes choses : *Infirma mundi elegit Deus.*

Elle a été une religieuse Carmélite parfaite et digne, sous tous les rapports, de la Sainte Fondatrice, notre Mère Sainte Thérèse de Jésus.

TROISIÈME SERMON

Il se fait à l'heure actuelle une constatation pénible et douloureuse pour l'âme chrétienne. Le nombre des incrédules est grand ; il va même en augmentant, tandis que la foi semble diminuer dans nos villes et nos campagnes. Partout se fait sentir la pénurie et le besoin d'ouvriers évangéliques, alors que la presse, l'enseignement, la propagande à tous les degrés agissent de concert pour ébranler la foi dans les âmes. L'idée du surnaturel divin s'émousse peu à peu, quand par ailleurs l'impiété élève sa tête altière. Il y a déjà des milieux où l'on se vante de ne plus reconnaître cette idée du surnaturel, ni celle d'un Dieu Créateur. C'est l'athéisme pratique qui tend à s'organiser. Notre société va-t-elle se passer de Dieu ?

Or la Bienheureuse Anne de Saint-Barthélemy que nous honorons durant ce Triduum, est le contre-pied absolu des doctrines athées et matérialistes. L'Église en publiant naguère le décret qui la proclame Bienheureuse et la propose à notre vénération, nous rappelle d'une façon très opportune que l'*homme ne vit pas seulement de pain, mais de toute parole qui tombe de la bouche de Dieu.* Elle a vécu dans le surnaturel divin d'une façon sensible et constante. Ce n'est, il est vrai, qu'une petite fille des champs, une bergère ; elle ne sait même pas écrire, jusqu'au jour où elle l'apprend miraculeusement en compagnie de Sainte Thérèse, comme nous l'avons vu hier. Elle ne connaît rien des nouvelles du monde ni de la politique du monde. Mais elle possède la science la plus profonde, la seule nécessaire d'ailleurs et indispensable, sur Dieu, la Trinité, l'Incarnation, la Rédemption, la Très Sainte Vierge Marie, les Anges, les Saints, la vie chrétienne, la vie future, l'éternité, les vérités de foi. Tout le monde surnaturel lui est familier. Elle fait l'admiration de tous par sa prudence et sa sainteté.

Il paraît bien certain qu'en la proposant de nos jours à notre vénération, Dieu veut nous la donner comme un exemple des plus palpables et des plus sensibles de la vie surnaturelle. Elle pouvait bien dire comme l'Apôtre Saint Paul : « *Je vis ; mais non, ce n'est plus moi qui vis ; c'est Jésus-Christ qui vit en moi* ». C'est Jésus-Christ qui parle, qui agit en elle; c'est lui qui la dirige et lui dicte tout ce qu'elle doit faire, dire ou conseiller.

Déjà nous l'avons considérée avant son entrée en religion dans ses rapports avec Dieu et avec sa famille, et la *petite Bergère* nous est apparue comme un prodige.

Nous l'avons considérée, en outre, dans le développement magnifique qu'elle prit durant son noviciat au monastère des Carmélites de Saint-Joseph d'Avila, mais surtout en compagnie et sous la direction de Sainte Thérèse ; et elle nous est apparue comme une *religieuse parfaite*.

Nous allons considérer aujourd'hui en elle la *Fondatrice* avant son départ pour la France et dans l'accomplissement de sa mission en France et en Flandre.

Nous verrons avec la grâce de Dieu et la protection

de la Très Sainte Vierge Marie comment se réalise toujours mieux en elle cette parole : *Infirma mundi elegit Deus... Dieu a choisi ce qui est faible selon le monde pour confondre ce qui est fort.*

I

C'était peu de jours avant la fin de son Noviciat. Notre Bienheureuse avait deux visions de Notre-Seigneur qui ont exercé une influence prépondérante sur le reste de sa vie. Comme elle avait toujours eu une tendre dévotion à la Passion de N. S., elle entre un jour dans un ermitage situé au fond du jardin du couvent de Saint-Joseph d'Avila, et elle se jette à genoux devant un tableau représentant N. S. attaché à la colonne ; elle demande au Divin Maître quelle est la soif dont il a souffert sur la Croix, et N. S. lui dit : « *La soif dont j'ai souffert à la Croix est la soif des âmes. Il faut qu'à l'avenir tu y réfléchisses* ». Il lui montra alors toutes les vertus dans un degré très parfait dont elle était très éloignée. Notre-Seigneur ayant disparu la laissa toute pénétrée de ce qu'elle avait entendu. — Le souvenir de cette faveur, dit-elle, ne me quittait ni jour ni nuit. Mon cœur était toujours avec Dieu. Je m'embrasais de zèle pour le salut des âmes, et je brûlais du désir de posséder les vertus qui m'avaient été montrées dans la vision, afin d'être plus apte à exercer ce zèle.

Quelques jours après, elle entre dans un ermitage voisin du précédent, et se trouve immédiatement toute recueillie. Notre-Seigneur lui apparaît et lui dit : « *Ma fille, assiste-moi : vois combien d'âmes je perds.* — Elle ajoute : *Il me montra alors la France aussi distinctement que si je l'avais vue de mes propres yeux, et des milliers et milliers d'âmes qui se perdaient dans l'hérésie.* Cette vision ne dura qu'un instant ; mais si elle eût duré plus longtemps, il m'eût été impossible de supporter la douleur qui m'étreignait. Je sentis s'augmenter rapidement mon amour pour Dieu et mon zèle pour le salut des âmes. Le tourment que me causa ce zèle me dura au moins quinze ans ».

Voilà donc notre Bienheureuse qui, dès le début de sa vie religieuse et avant même sa profession, est appelée par Dieu lui-même à prier, à souffrir, à se dévouer pour la France. La voilà devenue Française pour ainsi dire d'esprit et de cœur : *Zelo zelatus sum.* Aussi elle ne cessa jamais plus de manifester son zèle pour notre cher pays. Elle ne reculait devant aucune pénitence, ni aucun sacrifice, afin d'obtenir la conversion des âmes qui s'y perdaient en si grand nombre. C'était comme une seconde vocation qui s'ajoutait à sa vocation de Carmélite.

Cette vision qui ne sera pas d'ailleurs la seule sur ce point nous est une preuve spéciale entre beaucoup d'autres de la prédilection de Dieu pour notre pays. Ce n'est pas en vain que la France a été appelée la Fille aînée de l'Eglise, bien que sa foi et son amour pour Dieu aient subi des éclipses à certaines heures.

Ce n'est pas en vain que nos vieux chroniqueurs ont pu appeler les annales de la nation *Gesta Dei per Francos — Les actions de Dieu accomplies par les Francs.* Car il est bien certain que Dieu a voulu se servir de notre pays à certaines époques solennelles de l'histoire pour l'accomplissement de ses œuvres les plus magnifiques.

Quand Sainte Clotilde lisait la Passion de N. S. à Clovis pour le préparer à sa conversion, le grand guerrier s'écria tout à coup : « *Que n'étais-je là avec mes Francs pour le délivrer* » *!* Peu après, il courbait son front superbe devant le Christ, et il recevait solennellement le Baptême : le royaume des Francs devenait le royaume du Christ.

Au VIIIe siècle, Pépin le Bref fondait le pouvoir temporel des Papes, et tout en agrandissant la France, il se faisait le lieutenant du premier Représentant du Christ en ce monde.

Au IXe siècle, Charlemagne agrandissait et consolidait le pouvoir temporel des Papes et ne prenait son épée que pour la défense des droits du Christ.

Au XIIIe siècle, se lève saint Louis qui est certainement le plus beau fleuron de la couronne de France et le plus intrépide et glorieux soldat que le Christ ait peut-être jamais eu dans l'Eglise.

Au XIIIe siècle encore, c'est un fils de Saint Louis, Philippe III le Hardi, qui donne la moitié d'Avignon et le Comtat Venaissin au Christ dans la personne de Grégoire X, son Vicaire.

Au XVe siècle, c'est Jeanne d'Arc qui délivre le Saint Royaume, c'est-à-dire la France, de la part du Roi du Ciel, et la restitue à son vrai Roi, le Christ Jésus, comme elle le dit elle-même.

Inutile de prolonger cette énumération de nos épopées nationales. Je ne puis parler, non plus, de toutes les marques spéciales de prédilection que Dieu nous donne, quand il nous envoie la Très Sainte

Vierge Marie, sa Mère, à La Salette, à Pontmain, surtout à Lourdes, ni des prodiges sans nombre qu'il accomplit chez nous même à l'heure actuelle.

Je m'arrête à notre Bienheureuse. Les visions dont elle fut l'objet et que je viens de vous rappeler, avaient lieu précisément à l'époque dés guerres de religion, quelques jours avant la Saint-Barthélemy en 1572.

Or au milieu du XVIe siècle, la France courait le danger d'être complètement envahie par le Protestantisme et de rester peut-être pour des siècles plongée dans l'erreur. Mais le Sauveur qui voulait la sauver, et qui avait depuis longtemps appelé à cette œuvre des âmes zélées, voulut aussi avoir la coopération du Carmel. Il avait déjà inspiré à la grande Réformatrice du Carmel l'idée de prier et de se sacrifier pour la France. Voici en effet ce que Sainte Thérèse écrivait dès l'année 1565 :

« Lorsqu'on traita, dit-elle, de la fondation de ce monastère de Saint-Joseph, qui eut lieu en 1562, mon intention n'était pas qu'il fût établi sur le pied d'une très grande austérité extérieure, ni qu'il fût sans revenus ; au contraire, j'aurais voulu qu'il possédât des rentes et que rien ne vînt à nous manquer. Mais à cette époque, ayant appris les grands malheurs de la France, les ravages qu'y avaient déjà faits les luthériens, et la rapidité avec laquelle leur funeste secte se développait, j'éprouvai une peine profonde. Comme si j'eusse pu ou que j'eusse été quelque chose, je répandais mes larmes au pied du Seigneur, et le suppliais d'apporter le remède à un tel mal. Il me semblait que j'aurais donné mille vies pour une seule de ces âmes qui se perdaient en si grand nombre dans ce pays. Mais étant femme et bien imparfaite, je me voyais impuissante à réaliser ce que j'aurais voulu pour la gloire de Dieu. Tout mon désir était et est encore que, puisqu'il a tant d'ennemis et si peu d'amis, ceux-ci du moins lui fussent vraiment dévoués. Je me déterminai donc à faire le peu qui dépendait de moi, c'est-à-dire à suivre les conseils évangéliques dans toute la perfection possible, et à porter au même genre de vie les quelques religieuses de ce monastère. Je me confiai en la Bonté infinie de Dieu qui ne manque jamais d'assister l'âme quand elle renonce à tout par amour pour lui. Mes compagnes, étant telles que mes désirs se les représentaient, pourraient par leurs vertus suppléer à ce qui me manquait, et de la sorte j'arriverais à contenter le Seigneur en quelque chose. Nous nous mettrions toutes en prières pour les défenseurs de l'Eglise, pour les prédicateurs et les savants qui la soutiennent, et nous aiderions de notre mieux ce Seigneur de mon âme...

Elle dit encore : « Je ne puis voir tant d'âmes se perdre sans que mon cœur se brise de douleur. O mes filles, aidez-moi à obtenir leur conversion. C'est pour cette œuvre qu'il vous a réunies ici ; c'est là votre vocation ; ce sont là vos affaires ; c'est là l'objet de vos désirs, le sujet de vos larmes, le but de vos prières... »

J'ai tenu à vous citer cette page immortelle de Sainte Thérèse. Elle nous prouve deux choses : tout d'abord le désir que N. S. avait de sauver la France, puisqu'il s'en va dans ce but chercher en Espagne l'une des âmes les plus pures, les plus saintes et les plus séraphiques qu'il y ait jamais eues dans l'Eglise. Il nous prouve en second lieu l'amour de cette âme séraphique pour notre pays et les relations intimes du Carmel avec la France. Tels étaient les élans, le dévouement, le zèle du Séraphin d'Avila pour la France. Son premier couvent de Saint-Joseph d'Avila se fondait à l'époque où commençaient en France les guerres de religion. Si la France n'est pas devenue protestante, si au contraire elle est restée catholique, je ne veux pas dire qu'elle le doit uniquement à Sainte Thérèse et à sa Réforme ; non certes, car Dieu, avant même d'appeler Thérèse de Jésus à travailler à cette portion de sa vigne, y avait déjà appelé des Evêques, des prédicateurs, des prêtres, des écrivains, des religieux, des religieuses et des Saints ; mais je veux dire qu'il n'est pas téméraire d'affirmer que, si la France est restée catholique, elle le doit en partie à Thérèse de Jésus et à sa Réforme du Carmel. C'est là un fait qui a été reconnu par des écrivains catholiques et même par des protestants.

Or Thérèse de Jésus ne garda pas de si beaux sentiments renfermés dans son cœur. Au contraire, elle les exprimait librement et hautement. Rien d'étonnant par conséquent que notre Bienheureuse Anne de Saint-Barthélemy conçût, elle aussi, le désir de se dévouer pour la conversion des âmes en France. Et de fait, nous la voyons songer comme Thérèse de Jésus à sauver les âmes qui s'y perdaient. Personne d'ailleurs n'y était mieux disposée, d'autant plus que ce n'est pas Sainte Thérèse qui était destinée à venir personnellement en France, mais notre Bienheureuse qui était l'héritière de son esprit et la continuatrice de son œuvre.

Voilà pourquoi le Seigneur lui avait montré la

France dans la vision dont nous avons parlé, et en même temps son désir qu'elle se dévouât pour la fille aînée de l'Eglise. Il choisissait donc pour coopérer à ce grand dessein non plus Sainte Thérèse elle-même, mais une simple sœur converse, afin de montrer d'une façon plus sensible et plus éclatante qu'il se plaît à se servir de ce qui est faible pour confondre ce qui est fort. *Infirma mundi elegit Deus...*

Il serait difficile d'exprimer l'impression éprouvée par notre Bienheureuse à la vue des malheurs de la France. Elle sentit, nous dit-elle, peser sur ses épaules le poids des péchés de tant d'infortunés. Dieu l'en chargeait officiellement. Elle en perdit l'appétit, le sommeil et la paix. Depuis ce jour mémorable dans son existence, elle n'avait plus que la pensée de sauver les âmes, de sauver la France. Elle passait les jours et les nuits à se sacrifier, à prier pour la France. Elle s'entretenait avec le Sauveur des moyens de racheter les âmes qui lui avaient été montrées dans la vision. Durant quinze ans au moins, comme je l'ai dit, ce zèle pour la France fut un vrai tourment pour elle. Elle ne cessa de se livrer à toutes sortes de pénitences dans ce but, et toutes ces pénitences lui étaient douces, parce qu'elle s'y livrait pour la cause et la gloire de Dieu.

Sainte Thérèse avait constaté ce zèle de la petite sœur converse, et nul doute qu'elle ne rendît grâce au Seigneur de ce qu'il lui donnait des sentiments qui correspondaient si bien au but qu'elle s'était proposé. Qui sait d'ailleurs tous les trésors de grâces qu'elle découvrait dans cette âme ? Elle l'eut pour compagne inséparable dans ses courses durant ses dernières années. Elle put constater la sagesse et la

prudence dont elle était douée. Elle connaissait par
expérience les prodiges presque quotidiens que Dieu
se plaisait à accomplir par son intermédiaire. Aussi
elle avait songé à en faire son héritière, sa continuatrice. Voilà pourquoi elle avait voulu l'élever au rang
des sœurs de chœur. Mais ni elle, ni le Père Provincial n'avaient pu vaincre l'humilité si profonde
de la petite sœur converse. C'est alors que Sainte
Thérèse lui dit sur le ton de la prophétie : *Eh bien,
vous recevrez le voile noir des sœurs de chœur de
mains étrangères ;* et elle avait ajouté à différentes
reprises : *il faut que vous fassiez ce que je devais
faire.*

Qu'est-ce que la Sainte n'avait donc pu faire ?
Qu'est-ce qu'elle aurait donc voulu faire ? Il n'y a
aucun doute sur ce point. Elle aurait voulu venir elle-
même en France implanter la Réforme du Carmel et multiplier sur le sol de France comme
sur le sol d'Espagne les asiles de la prière et du
sacrifice. Mais telle n'était pas la volonté de Dieu qui
se contenta de son désir. Aussi elle constitue la Sœur
Anne de Saint-Barthélemy l'héritière de son esprit,
la continuatrice de son œuvre : IL FAUT QUE VOUS
FASSIEZ CE QUE JE DEVAIS FAIRE. Telle est la mission
dont notre Bienheureuse devra s'acquitter, comme
nous allons le voir maintenant.

II

Néanmoins il s'écoula plusieurs années avant que
notre Bienheureuse exécutât ce que Sainte Thérèse
aurait voulu faire. Nous ne savons que fort peu de

chose sur cette époque de son existence que les chroniqueurs de l'Ordre ont à peine effleurée.

Mais en 1590, il se passe un fait que je tiens à raconter. Une religieuse d'Avila, Marie de Saint-Jérôme, propre nièce de Sainte Thérèse, est désignée par les Supérieurs pour aller remplir la charge de Prieure au Couvent des Carmélites de Madrid. Cette sainte religieuse, qui a joué un grand rôle dans la Réforme du Carmel par sa prudence et sa vertu, s'imagine dans son humilité qu'elle ne pourra s'acquitter de la charge qui lui est confiée qu'à la condition d'emmener avec elle notre Bienheureuse. Elle la demande donc aux Supérieurs qui se rendent volontiers à son désir. Et de fait notre Bienheureuse répondit admirablement à la confiance qui lui avait été témoignée. Elle soutint en tout sa sainte prieure et exerça la plus heureuse influence sur la communauté. Son crédit était même si grand, qu'il lui arriva un fait unique, ce semble, dans la vie des Saints. Toutes les sœurs de la Communauté demandèrent à leur sainte prieure l'autorisation de recommencer leur noviciat sous la conduite de notre Bienheureuse. C'est là une démarche qui fait grandement honneur à ces religieuses et qui n'en fait pas moins à notre Bienheureuse elle-même. Celle-ci n'était encore que simple sœur converse. Or il y a une grande différence de situation entre une sœur converse et une sœur de chœur. Cette dernière est appelée à voter pour la réception des postulantes, des novices, des professes. Elle vote en outre pour l'élection de la mère prieure, de la sous-prieure et des sœurs du conseil. Elle vote également lorsqu'il y a quelque décision importante à prendre. Elle peut être appelée elle-même à être un jour élue par ses compagnes. En un mot, elle prend une part active au bon fonctionnement de la communauté.

La sœur converse, au contraire, n'est rien de tout cela ; sa vocation est, d'après la volonté formelle de la Fondatrice, de s'occuper des gros travaux du monastère ; et rien de plus. Elle est religieuse au même titre que la sœur de chœur ; comme elle, elle fait les vœux de pauvreté, de chasteté et d'obéissance; comme elle aussi, elle est soumise à la règle et à la Constitution. Mais, vous le voyez, elle occupe un rang subalterne et inférieur. Or, malgré cette différence de situation, toute la Communauté de Madrid voulut dépendre de notre Bienheureuse.

Le noviciat se fit donc et toutes les sœurs se mirent humblement et sincèrement sous la direction spirituelle de cette petite sœur converse. N'est-ce pas le cas de dire encore : *Infirma mundi elegit Deus...* Notre Bienheureuse apparaissait donc comme un véritable prodige et comme celle qui mieux encore que la prieure et que toutes les autres sœurs de la Réforme reproduisait l'esprit et les vertus de la Réformatrice, Thérèse de Jésus : *Infirma...* Dieu d'ailleurs ne négligeait rien pour la mettre en avant, lui donner toujours plus de crédit et la préparer à sa mission de fondatrice. Car le moment approchait où elle allait enfin réaliser ce qu'il lui avait depuis longtemps annoncé dans diverses visions, et accomplir ce que Sainte Thérèse elle-même aurait voulu faire.

Au fur et à mesure que ce moment approchait, les visions du Sauveur à ce sujet se répétaient et se précisaient. Il ne lui dit plus seulement, comme au début, de prier pour les pécheurs et de prier pour la France.

Il lui dit clairement qu'*elle doit aller en France.* Comme elle hésitait, se croyant indigne d'une telle mission, dès lors qu'elle était sœur converse et ne connaissait pas la langue du pays, il lui dit à différentes reprises : *Courage, n'aie pas peur.*

Si Dieu lui avait révélé qu'elle viendrait en France, il l'avait révélé aussi à d'autres. On manifestait même des divergences de vues sur ce point, et on peut dire que, d'une façon générale, les Supérieurs tant des religieux que des religieuses du Carmel étaient opposés à son départ. Aussi notre Bienheureuse qui déjà n'osait aller en France parce qu'elle était sœur converse et ne savait pas le français, s'en va toute joyeuse trouver N. S. et lui dit : *Vous le voyez, mon Maître, mes Supérieurs ne sont nullement d'avis que j'aille en France. Or, vous le savez, je ne puis pas leur désobéir.* Mais le Sauveur lui répondit d'une façon explicite : *Courage ; les choses s'arrangeront ; va, car sans toi, rien ne se fera.* Cette prophétie à laquelle peut-être notre Bienheureuse n'ajouta pas une grande importance à cause de son humilité et de la basse opinion qu'elle avait d'elle-même, s'est réalisée à la lettre.

Ses compagnes étaient des religieuses de choix. Elles avaient donné de nombreuses preuves de sagesse, de prudence et surtout de sainteté. Or ce ne sont pas ces religieuses que Dieu a choisies pour soutenir l'édifice des fondations de Carmélites en France, malgré tout ce qu'elles ont accompli pour l'établir. Par un concours tout particulier de circonstances, c'est notre Bienheureuse, et notre Bienheureuse seule, qui a reçu de Dieu une assistance spéciale pour en être comme le pivot, la pierre fondamentale. Sans elle, rien ne se faisait, comme le lui avait dit Notre-Seigneur. C'est la plus faible de toutes, la dernière de toutes, que Dieu a choisie pour faire ce que Thérèse de Jésus aurait fait et se montrer plus et mieux que toutes les autres par ses prières, ses sacrifices, son prestige, la digne fille de la Réformatrice du Carmel. Mais n'anticipons point.

Elle vient en France en compagnie de cinq autres religieuses. A peine arrivée à Paris, le 15 octobre 1604, elle n'a rien de plus pressé que de prendre immédiatement possession de son office de sœur converse, et de bien montrer qu'elle se considère comme la dernière de toutes, comme la servante de la communauté. Mais déjà les Supérieurs ont songé à elle pour l'élever au rang des sœurs de chœur. Ils avaient entendu parler de ses rares vertus en Espagne. Ils avaient constaté durant le voyage d'Avila à Paris ses qualités exceptionnelles qui perçaient malgré elle. Peut-être avaient-ils entendu parler du désir que Thérèse avait eu d'en faire une sœur de chœur. Mais la Providence surtout ne semblait-elle pas vouloir enfin la réalisation d'un projet tant caressé par Thérèse ?

Voilà donc notre Bienheureuse qui, malgré toutes ses résistances, va devenir tout à coup sœur de chœur le 6 janvier 1605, au bout de moins de trois mois de séjour à Paris. De plus, elle est désignée en même temps pour aller immédiatement faire la fondation de Pontoise et en être la première Prieure ; elle sera, en outre, la maîtresse des novices qui l'attendent déjà et qui toutes appartiennent aux familles les plus en vue de la région. Que va faire cette sœur de chœur improvisée ? Que va faire cette maîtresse de novices improvisée ? Que va faire cette Prieure improvisée, cette Fondatrice improvisée ? Est-ce que les Supérieurs ne veulent pas tenter Dieu par un tel choix ? Est-ce Dieu lui-même qui dirige tout ici, et les hommes et les événements ? Il a montré une telle sainteté dans notre Bienheureuse et il a opéré tant de prodiges par son intermédiaire, qu'il la veut peut-être enfin sur le candélabre : car elle a toujours été un instrument de ses merveilles, et ne doit-elle l'être surtout maintenant qu'elle est appelée à continuer l'œuvre de Thérèse de Jésus ?

Ce n'est, il est vrai, qu'une personne ignorante ; elle a appris à écrire sur le tard et miraculeusement en un instant sous la direction de Thérèse, ainsi que nous l'avons dit hier. Il est vrai aussi qu'elle ignore toutes les cérémonies du chœur qu'elle devra enseigner ; elle ne sait pas comment il faut réciter le Bréviaire qui est devenu pour elle une obligation grave, car elle n'en a jamais eu en mains ; elle fait même part de cette difficulté à Notre-Seigneur avec tant d'instances qu'il opère encore un miracle pour elle et lui donne la grâce de comprendre le latin. Elle ne sait rien en un mot de ce que l'on demande d'elle. Tout est nouveau pour elle. Aussi elle se désole, elle gémit ; mais les Supérieurs insistent ; comment pourra-t-elle obéir ?

Elle s'adresse alors au Ciel, comme c'était son habitude, et Notre-Seigneur lui dit : *Prends courage ; il ne peut en être autrement.* Elle a recours enfin à Sainte Thérèse comme pour lui demander de plaider sa cause auprès de N. S. Or Sainte Thérèse qui à plusieurs reprises avait voulu l'élever au rang des sœurs de chœur, lui répond comme N. S. : *Il ne peut en être autrement ; rappelez-vous que j'ai voulu moi-même vous donner le voile noir des sœurs de chœur qu'on veut vous imposer. Vous ferez ce que je devais faire.*

Le doute n'est plus possible. On prend une sœur converse, une ignorante, sans même la mettre d'abord à l'épreuve, sans lui imposer un noviciat préalable, pour en faire une sœur de chœur, une Prieure, une Maîtresse des novices, une Fondatrice ! Est-ce possible ! En vérité, tout est folie ici ou tout est divin ! Je ne me rétracte pas ; oui, tout est folie aux yeux de la raison et de la prudence humaine ; mais tout est divin, si nous considérons que Dieu le voulait ainsi pour mieux manifester son pouvoir. *Infirma mundi elegit Deus...*

Mais comment va-t-elle s'acquitter d'une manière au moins passable de ses nouvelles fonctions de Prieure, fonctions d'autant plus importantes et délicates qu'il s'agit d'une nouvelle fondation, aux portes de Paris, elle qui n'y a jamais été initiée ? Ne va-t-elle pas compromettre le bon renom de la religion et du Carmel en particulier ? Comment va-t-elle pouvoir communiquer et s'entendre avec les postulantes qui attendent son arrivée ? Comment pourra-t-elle leur expliquer la Règle, la Constitution, le Cérémonial, le Bréviaire ? elle ne s'est jamais occupée de ces questions. Comment pourra-t-elle former les novices à la vie du Carmel ? elle ne connaît pas le français ! elle ne l'apprendra même jamais durant les sept années qu'elle restera en France et les quatorze qu'elle passera en Flandre. Comment pourra-t-elle comprendre ce que lui diront les postulantes, les novices ? Comment pourra-t-elle entretenir les

moindres rapports avec les personnes du monde, les
supérieurs, les confesseurs, les hommes d'affaires, les
domestiques, les parents, les bienfaiteurs ?

Que de difficultés insurmontables ! Voilà tout autant de questions qu'elle se posait et qui étaient toutes de nature à l'alarmer et à la couvrir de confusion. Mais puisqu'elle doit obéir, elle s'adresse à Notre-Seigneur, qui l'a toujours secourue et assistée dès sa plus tendre enfance, et le conjure de venir encore à son aide. Notre-Seigneur la rassure et lui dit : *Ne crains rien ; je serai avec toi ; prends la Règle ; je te garderai comme la prunelle de mes yeux.* Réconfortée par cette parole, elle compte d'une façon absolue sur le secours du Sauveur qui ne lui a jamais manqué. Elle se rend donc à Pontoise sans la moindre préoccupation.

Elle réunit de suite les sœurs et les postulantes au Chapitre pour inaugurer son office. Notre-Seigneur lui a dit de prendre la Règle. Elle prend donc la Règle, et s'avance à la salle du Chapitre avec cette humilité et cette simplicité dont seuls les Saints ont le secret. Comme elle le raconte elle-même, elle déclare qu'elle va prononcer les paroles que Dieu mettra sur ses lèvres pour l'instruction des sœurs ; elle ajoute que, malgré son désir de les servir et de les consoler, elle s'en trouve absolument incapable ; mais qu'elle a confiance en Dieu, car c'est lui qui les aidera et comblera tous leurs désirs. Elle parle ainsi quelques instants... une grosse heure. Une fois le Chapitre terminé, elle s'aperçoit que toutes les sœurs sont en pleurs. Elle s'imagine que la cause en vient peut-être de ce qu'on ne l'a pas comprise, car elle a parlé espagnol, et que l'on regrette vraisemblablement de se trouver sous la direction d'une étrangère dont on ne comprendra pas de sitôt la langue. Elle demande donc aux unes et aux autres la cause de leurs larmes. On lui répond de suite que l'on a très bien compris tout ce qu'elle a dit et que si on pleure, c'est de joie et de consolation.

On l'avait comprise comme si elle avait parlé le français, et elle comprenait le français comme si elle l'avait appris ! et il en sera toujours ainsi tant qu'elle restera en France, à Pontoise, à Paris et à Tours. Le même prodige se continuera lorsqu'elle sera en Flandre, comme l'attestent les nombreux témoignages recueillis sous la foi du serment pour le procès de sa Béatification. Elle ne parlera que l'espagnol en France et en Flandre jusqu'à la fin de sa vie en 1626 ; elle sera toujours très bien comprise tant des personnes du dedans que de celles du dehors, et elle les comprendra très bien.

C'est là un phénomène des plus extraordinaires dans la vie des Saints. Il rappelle absolument ce qui se passa au soir de la Pentecôte et les jours suivants pour les Apôtres. Notre-Seigneur leur avait dit : *Ite, docete omnes Gentes.* Allez et enseignez toutes les nations. Or comment auraient-ils pu enseigner les nations, eux qui étaient sans lettres, sans culture intellectuelle ? L'Esprit-Saint que je vous enverrai, avait ajouté le Sauveur, vous rappellera tout ce que je vous ai dit, et Il vous enseignera toute vérité. Or, dès qu'ils ont reçu le Saint-Esprit au grand jour de la Pentecôte, ils sont les dignes représentants du Sauveur, les dignes fondements de l'Eglise. Ils sont aptes à aller enseigner toutes les nations. Ils sortent du Cénacle et prêchent la bonne nouvelle de l'Evangile. La foule disait : *Nous les avons entendus chacun dans nos langues annoncer les merveilles de Dieu : Audivimus eos loquentes nostris linguis magnalia Dei.* Saint Pierre qui parle le premier est compris d'une foule immense, et ce prodige ne contribue pas peu aux conversions nombreuses qui se font immédiatement. Aussi l'Apôtre Saint Paul pouvait dire avec raison : *Infirma mundi elegit Deus...*

Mais cette parole peut et doit se dire également de notre Bienheureuse. Ce phénomène s'est continué pour elle non pas un jour ou dans une circonstance seulement de sa vie, comme cela est arrivé à quelques saints, mais durant tout son séjour en France et en Flandre, c'est-à-dire durant plus de 21 ans. Quoi d'étonnant si elle a exercé tant de prestige vis-à-vis des sœurs des monastères où elle s'est trouvée et vis-à-vis des personnes du dehors ? Quoi d'étonnant si le Divin Maître lui a accordé en même temps toutes les autres qualités qui étaient de nature à entretenir cette auréole de sainteté avec laquelle il l'avait toujours montrée, afin qu'elle fût la digne continuatrice de l'œuvre de Sainte Thérèse.

Déjà lorsqu'elle était en Espagne, Philippe II ne croyait pas se rabaisser, en se recommandant lui et son royaume à ses prières. Mais depuis son arrivée en France, sa vertu avait rayonné d'une façon plus extraordinaire. Elle avait alors 55 ans. Elle était dans toute la plénitude de l'âge et de la sainteté. Aussi Henri IV et Marie de Médicis s'empressèrent d'aller se recommander à elle, et ils y retournèrent souvent. Elle était consultée comme un oracle, vénérée comme une Sainte à Paris, à Pontoise et à Tours ; elle jouit partout de la même réputation de sainteté. Non seulement les gens du peuple, les humbles, les petits la vénéraient et demandaient ses prières, mais les hérétiques' surtout subissaient l'ascendant de cette Religieuse et un grand nombre se convertirent à la foi. Car c'est pour leur conversion que Dieu l'avait préparée depuis longtemps. Aussi les hérétiques de Tours en particulier disaient-ils : cette religieuse est capable de nous convertir tous. Les docteurs, les magistrats, les princes, les Evêques, le Pape Paul V lui-même avaient recours à ses lumières et à ses prières : *Infirma mundi elegit Deus...*

Or ce que notre Bienheureuse fut pour la France durant sept ans, elle le fut aussi pour la Flandre où elle fonda le couvent d'Anvers et où elle mourut en odeur de sainteté le 6 juin 1626. L'Infante Isabelle des Pays-Bas, fille de Philippe II, et son mari l'archiduc Albert, qui l'avaient connue à Madrid, s'empressèrent d'aller la voir. Ils recouraient à elle pour toutes les affaires importantes de l'Etat. Ils avaient une confiance absolue dans ses lumières et son crédit auprès de Dieu. Après avoir été secrétaire de Sainte Thérèse, elle devenait plus qu'un secrétaire d'Etat, plus qu'un ministre d'Etat ou un chancelier d'Empire. Rien d'important ne se faisait dans l'Etat sans son conseil et son approbation. Elle était donc en quelque sorte au-dessus même des chefs d'Etat. *Infirma mundi...*

Un jour on disait à l'Infante Isabelle qu'elle devrait fortifier la citadelle d'Anvers, afin de la protéger contre les attaques probables des Huguenots de Hollande. Elle fit cette réponse plus admirable, à mon avis, qu'imitable : *Je ne crains rien pour la ville, tant que la Mère Anne de Saint-Barthélemy est là.*

Et en effet un prodige de premier ordre ne manqua pas de montrer à tous de quel poids était auprès de Dieu l'intervention de notre Bienheureuse. Le prince d'Orange, Maurice de Nassau, après avoir préparé une flotte, arrivait de nuit à l'improviste aux portes d'Anvers en 1622. Mais avertie par une voix mystérieuse, Anne de Saint-Barthélemy se met à prier et conjure le Ciel d'humilier le prince protestant. Et voilà qu'une tempête effroyable s'élève tout à coup et sévit avec tant de rage que la flotte ennemie est tout entière engloutie dans l'Escaut ; le combat ne put pas même être commencé, et le prince protestant eut grand'peine à se sauver avec quelques officiers ; il se retirait tout honteux et confus.

Deux ans plus tard (en 1624), il voulut renouveler son offensive contre la ville d'Anvers et cette seconde offensive eut le même insuccès que la première par suite des prières de notre Bienheureuse. Ces deux prodiges se trouvent relatés dans le procès de Béati-fication de notre Bienheureuse, sous la foi du serment par une foule de témoins. Aussi a-t-on appelé notre Bienheureuse la *libératrice d'Anvers.*

Ces faits et d'autres du même genre montrent le crédit dont jouissait cette humble fille du cloître auprès de Dieu. Ils nous laissent deviner aussi quel foyer de vie religieuse elle avait dû allumer dans ces monastères bénis où elle implantait la Réforme Thérésienne. Mais ils nous montrent d'une façon non moins évidente l'action sociale des âmes religieuses renfermées dans les cloîtres.

On se demande parfois ce que font les religieuses cloîtrées derrière leurs grilles. On ne les voit jamais sortir ni s'occuper du prochain ou d'œuvres de bienfaisance. On semble ne pas soupçonner leur utilité, et encore moins leur nécessité. On fait des comparaisons entre elles et celles qui se dévouent pour l'enfant, l'orphelin, le malade, le pauvre, le vieillard, le déshérité. On admire ces dernières et on a raison de les admirer. Saluons nous aussi avec respect, amour et vénération tous ces dévouements ; ils font connaître et aimer Dieu par leurs bienfaits ; et ils reconcilient le monde à la religion. Mais les religieuses qui sont renfermées dans une étroite clôture ne sont pas moins utiles ni moins nécessaires à la société. Nous ne pouvons pas atténuer la parole de N. S. qui proclame la prééminence de la vie contemplative sur la vie active. *Optimam partem elegit sibi Maria.* Et qu'adviendrait-il du monde sans les âmes contemplatives, disait un jour Notre-Seigneur à Sainte Thérèse ? Il y a plus. Une seule de ces âmes, quand elle est parfaite, obtient plus de Dieu que des milliers d'autres qui sont simplement bonnes. Comme Moïse, elles sont sur la montagne de l'oraison et du sacrifice ; ce sont elles qui soutiennent ceux qui luttent dans la plaine. Voilà pourquoi les prédicateurs, les savants, tous ceux et celles qui s'occupent d'œuvres se recommandent à leurs prières et à leurs sacrifices. Leur influence sociale, nous l'avons vue dans l'histoire de notre Bienheureuse qui nous a été racontée durant ce *Triduum.*

En effet, nous avons considéré en elle la *Petite Bergère* avant son entrée en religion.

Nous avons vu ensuite en elle la *Religieuse* sous la direction de Sainte Thérèse.

Nous venons de voir la *Fondatrice* qui continue l'œuvre de Sainte Thérèse. Partout elle a montré qu'elle était entre les mains de Dieu un instrument souple et docile dont il a voulu se servir pour la faire rayonner au delà de l'enceinte d'un monastère.

Voilà une humble fille de la campagne qui n'a jamais connu que les bons combats du Seigneur, et le Seigneur la glorifie juste au moment où nous nous trouvons au milieu des horreurs d'une guerre sans égale dans les annales du monde.

Tandis que les empires qui semblaient le mieux affermis, font entendre les plus sinistres craquements, Dieu nous montre la noble figure d'une Vierge du Carmel qui s'élève radieuse au-dessus des ruines fumantes des villes et des nations.

Tandis que l'on n'exalte en ce moment que le règne de la force, du fer et du feu qui ne produisent que ruines et carnages et n'engendrent que deuils, le Seigneur nous montre la puissance incomparablement supérieure de la prière unie au sacrifice, qui pénètre les cieux et obtient les plus grands prodiges de miséricorde et d'amour.

Tandis que l'on ne vante que les hommes habiles, les politiques, les diplomates, qui, hélas ! se voient à tout instant le jouet des moindres événements, Dieu nous montre une ignorante qui devient la conseillère des grands et des rois, et qui possède la vraie sagesse, parce qu'elle ne prend conseil que de Dieu.

Tandis que beaucoup d'hommes ne travaillent que pour la gloire humaine et la satisfaction des passions personnelles au détriment du prochain, l'Eglise nous montre une âme qui n'a travaillé que pour la gloire de son Dieu et qui, en répandant à pleines mains les bienfaits autour d'elle, a conquis les palmes impérissables de la Béatification: *Infirma mundi...* Tel est le modèle qui nous est proposé à l'heure présente.

Vous avez donc bien raison, mes Révérendes Mères,

d'être fières de votre sœur aînée. Travaillez comme elle, sur la recommandation et à la suite de Sainte Thérèse, au salut de notre chère France. Aimez à vous rappeler que la Sainte Fondatrice a eu un regard d'amour tout particulier pour notre cher pays, quand elle a entrepris sa Réforme, comme je l'ai rappelé dans ce discours ; que si elle a établi sa Réforme avec les austérités que vous lui connaissez si bien, c'est parce qu'elle a voulu travailler plus efficacement au bien de notre pays ; qu'elle a désiré venir en France l'implanter elle-même ; que si elle n'est pas venue comme c'était son vœu, implanter sa Réforme chez nous, elle nous a envoyé du moins sa fille la plus chère, la Bienheureuse Anne de Saint-Barthélemy, qui a fait ce qu'elle aurait voulu faire elle-même. Obéissant à la Mère et à la Fille, vous travaillerez efficacement, comme l'une et comme l'autre, au bien spirituel et au renouvellement social de la patrie en même temps qu'à la gloire de Dieu.

Et vous, chers fidèles, considérez si vous n'avez pas raison d'honorer une religieuse qui a tant fait, tant souffert pour notre pays et pour la Belgique, notre alliée. Imitez-la dans son esprit de foi. Malgré toutes les épreuves et les difficultés de la vie, n'oubliez jamais que vous êtes les enfants du Père céleste qui vous aime. Comme notre Bienheureuse, évitez avec soin tout ce qui peut contrister le cœur de ce Père bien-aimé ; accomplissez tous vos devoirs d'état par amour pour lui, et vous aurez la paix du cœur. Comme notre Bienheureuse, vous attirerez l'abondance de ses faveurs sur vous, sur vos enfants et sur tous ceux qui défendent le sol sacré de la patrie.